Por um fio

Por um fio
Drauzio Varella

COMPANHIA DAS LETRAS

Capa
Marcelo Serpa

Preparação
Márcia Copola

Revisão
Isabel Jorge Cury
Beatriz de Freitas Moreira

Dados Internacionais de Catalogação na Publicação (CIP)
(Câmara Brasileira do Livro, SP, Brasil)

Varella, Drauzio
    Por um fio / Drauzio Varella. — São Paulo : Companhia das Le-
tras, 2004.

    ISBN 85-359-0534-0

    1. Médico e paciente 2. Memórias autobiográficas 3. Varella, Drauzio
    I. Título.

04-4474   CDD-610.92

Índice para catálogo sistemático:
1. Médicos : Memórias 610.92

[2004]
Todos os direitos desta edição reservados à
EDITORA SCHWARCZ LTDA.
Rua Bandeira Paulista 702 cj. 32
04532-002 — São Paulo — SP
Telefone (11) 3707-3500
Fax (11) 3707-3501
www.companhiadasletras.com.br

Sumário

Introdução

Morte é a ausência definitiva. Tomei consciência desse fato aos quatro anos de idade, dois meses depois de ter ficado órfão. Estava sentado à mesa do café-da-manhã, encolhido por causa do frio; minha avó espanhola, de vestido preto, vigiava o leite no fogão, de costas para mim.

Naquela noite, tinha sonhado que passeava de mãos dadas com minha mãe por uma alameda de ciprestes que havia na entrada da chácara de meus tios, na rua Voluntários da Pátria, em Santana, um bairro de São Paulo.

— Vó, nunca mais vou ver minha mãe?

Sem demonstrar a solicitude habitual com que respondia minhas perguntas, ela permaneceu calada, cabisbaixa na direção da leiteira.

Vinte anos mais tarde, na faculdade, descobri que tratar de doentes graves era o que mais me interessava na medicina. Por essa razão, passei os últimos trinta anos envolvido com pessoas portadoras de câncer ou de AIDS, em convívio que moldou minha forma de pensar e de entender a existência humana.

No começo da carreira imaginei que, se ficasse atento às reações dos que vivem seus momentos finais, compreenderia melhor o "sentido da vida". No mínimo aprenderia a enfrentar meus últimos dias sem pânico, se porventura me fosse concedido o privilégio de pressenti-los. Com o tempo percebi a ingenuidade de tal expectativa: supor que, por imitação ou aprendizado, seja possível encarar com serenidade a contradição entre a vida e minha morte é pretensão descabida. Não me refiro à morte de estranhos nem à de entes queridos, evidência que só nos deixa a alternativa da resignação, mas à minha morte, evento único, definitivo.

No exercício da profissão aprendi que a reação individual diante da possibilidade concreta da morte é complexa, contraditória e imprevisível; impossível compartilhá-la em sua plenitude.

Há muitos anos penso que, se conseguisse construir um caleidoscópio com as histórias dos doentes que conheci na prática da cancerologia, com as reações de seus familiares e amigos próximos, talvez pudesse transformá-lo num livro. Se até hoje me faltou coragem para tanto, foi por me considerar imaturo para a natureza da empreitada. Será possível na juventude compreender o que sente um senhor de oitenta anos ao perceber que não sairá vivo do hospital? O sofrimento de uma mulher ao perder o companheiro de quarenta anos de convivência harmoniosa pode ser imaginado por alguém de trinta?

Se me dispus a escrever agora, aos sessenta anos, foi menos por reconhecer a aproximação da maturidade do que por receio de morrer antes de me julgar preparado para alinhar as lembranças e inquietações que se seguem.

Imaginar a morte como um fardo prestes a desabar sobre nosso destino é insuportável. Conviver com a impressão de que ela nos espreita é tão angustiante que organizamos a rotina diária como se fôssemos imortais e, ainda, criamos teorias fantásticas para nos convencer de que a vida é eterna.

"Por que comigo?" foi a indagação que mais ouvi de quem recebe o diagnóstico de uma enfermidade fatal.

Nada transforma tanto o homem quanto a constatação de que seu fim pode estar perto. Existe acontecimento comparável? Um grande amor? O nascimento de um filho? Certa ocasião, fui ver um senhor acamado. Em frente à casa erguiam-se três coqueiros altos; na garagem, emparelhados, brilhavam dois Mercedes-Benz, um cinza e o outro vermelho, conversível. O quarto iluminado tinha dois níveis: no inferior, três poltronas de couro e um tapete persa; no de cima, a cama de casal, o criado-mudo e uma chaise-longue, na qual ele se achava recostado. Foi a primeira vez que vi um telão com equipamento de som montado na parede. O doente pálido, barba branca por fazer, olhar enérgico, entregava a um rapaz franzino as contas a pagar no banco. Pela calça do pijama descia uma sonda urinária; um frasco de soro irrigava continuamente a bexiga.

Quando terminou a explicação, ele perguntou ao garoto se havia entendido. Irrequieto, o menino respondeu que sim, virou-lhe as costas e saltou os três degraus da escada que separava os níveis do quarto. Com os olhos parados na direção da porta, o doente falou como se ninguém o ouvisse: "Dava o que tenho para dar um pulo desses".

O diagnóstico de uma doença fatal é um divisor de águas que altera radicalmente o significado do que nos cerca: relações afetivas, desejos, objetos, fantasias, e mesmo a paisagem.

"Nunca mais foi como antes", ouvi de muitos doentes curados e de outros que vieram a falecer.

Certa manhã ensolarada, fui à casa de um professor de agronomia que não cansava de elogiar as virtudes da mangueira frondosa plantada por ele mesmo no quintal mais de quarenta anos antes. Homem de gestos contidos, sobrancelhas unidas, passara a noite com dores fortes causadas por um tumor de esôfago que obstruíra a passagem para o estômago. Nos últimos dois dias regurgitava até a água tomada aos pequenos goles. Só havia conseguido pregar os olhos às cinco da manhã, embriagado pela quinta dose de morfina.

O quarto estava na penumbra. Enrolado em dois cobertores, ele dormia apenas com a cabeça de fora, mas abriu os olhos e tentou sorrir assim que sentei na cadeira ao lado. Depois de examiná-lo, achei melhor levá-lo para o hospital.

— Pela última vez, doutor?

— Honestamente, não sei.

Quando levantei para chamar a ambulância, ele interrompeu com delicadeza:

— Não há necessidade, minha mulher me leva de carro. Fechado na ambulância, não enxergo nada. Tem sol, quero ver as árvores e as moças bonitas na rua.

Tratei de um senhor de mais de oitenta anos, ex-combatente da Guerra Civil Espanhola, portador de um câncer de laringe, que se negou a aceitar a laringectomia, operação em que a laringe inteira seria retirada (com ela, as cordas vocais) e a traquéia exteriorizada para sempre num orifício aberto no pescoço. Dizia preferir a morte a perder a voz e respirar por um buraco escondido atrás de uma toalhinha. De nenhuma valia foi a insistência das filhas e dos dois genros que gostavam dele. Ao tomar a decisão, estava consciente de que, se o tumor crescesse um pouco mais, o ar poderia faltar-lhe nos pulmões, e a vida seria questão de minutos. Espanhol à antiga, não voltou atrás; para ele, não era não.

Diante da recusa fizemos um tratamento com drogas associado à radioterapia, que havia acabado de ser descrito por um grupo da Universidade de Michigan. A resposta foi brilhante. Cinco anos depois, numa consulta de rotina, entrei na sala de exame e o encontrei sem camisa, sentado na maca. Parecia Pablo Picasso velho, naquela foto famosa. Falei da semelhança, e ele riu; contou que tinha nascido numa aldeia vizinha à do pintor.

Naquele momento de descontração fiquei feliz de vê-lo curado, e perguntei se ele não teria aceitado a operação nem mesmo quando a falta de ar apertasse o cerco. Respondeu que não. Insisti:

— O senhor é religioso, acredita em outra vida?

— Não.

— Então, qual o sentido de preferir morrer a perder a voz?

— Doutor, a vida traz pessoas queridas e momentos de felicidade, que um dia serão tomados de volta. Perdi meus pais, minha companheira de cinqüenta e seis anos de casamento, dois irmãos mais velhos na guerra e meu filho do meio num desastre. A gente não encontra explicação para essas tragédias, mas com o tempo se conforma, na esperança de que ainda haverá de entender o verdadeiro significado delas. Precisei ficar velho para compreender que esse dia jamais chegará, porque a vida não tem sentido nenhum; nós é que insistimos diariamente em atribuir um significado a ela. Uma hora, o destino exige um sacrifício tão grande para continuarmos vivendo que a gente se cansa: em nome do quê, vou passar por isso?

Esse senhor morreu de ataque cardíaco anos depois, enquanto dormia. Hoje fico em dúvida se ele recusaria mesmo a operação no momento em que se desesperasse de dor ou falta de ar. O apego à vida é uma força selecionada impiedosamente pela natureza nos milhares de gerações que nos precederam; os desapegados levaram desvantagem reprodutiva.

No Hospital do Câncer de São Paulo fui médico de uma senhora italiana, casada com um pedreiro português aposentado que não saía do lado dela. No dia em que a esposa faleceu, encontrei-o na portaria do hospital para entregar-lhe o atestado de óbito, e o convidei para tomar café, com a intenção de confortá-lo. Quando perguntei como organizaria a vida sozinho, uma vez que não tinham filhos, respondeu:

— Tenho que ir em frente.

— De que jeito?

— Doutor, meu avô dizia que viver é como percorrer um caminho num desfiladeiro de onde partem tiros disparados a esmo. As balas podem acertar qualquer um, mas derrubam com mais freqüência os velhos, as crianças pequenas e os debilitados. Quando um corpo cai, alvejado, os outros são obrigados a se desviar e a continuar em frente, porque a ordem é seguir sempre em frente, mesmo sem saber aonde o caminho nos levará.

Por um fio

*Por razões éticas, as personagens das histórias
tiveram suas identidades preservadas.*

Primeiros passos

Meu primeiro encontro profissional com a morte foi num plantão noturno logo no início do internato, no pronto-socorro do Hospital das Clínicas, em São Paulo. Estava sozinho examinando os doentes numa sala tão cheia de macas, que fui obrigado a empurrar duas delas na direção do corredor para dar passagem à de um homem lívido, cabelo à escovinha, que entrava ofegante, com dor no peito e gotas de suor na fronte.

Enquanto conectei o aparelho de eletrocardiograma em seu corpo, ele explicou com sotaque cearense que estava cantando na festinha de aniversário da filha quando a dor começou, opressiva, acompanhada de falta de ar. No meio da conversa comigo, subitamente arregalou os olhos, crispou os músculos da face, cerrou os dentes e, apoiado nos cotovelos, elevou o tronco num esforço contraído que lhe deixou o rosto cianótico, fez saltar as veias do pescoço e provocou um gemido visceral, assustador. Apesar de tentar tornar a deitá-lo, não consegui, tal a força mobilizada no espasmo.

Um minuto depois o tronco despencou para trás, com o rosto congesto e os olhos vidrados. Trêmulo, trepei na maca estreita, ajoelhei espremendo o corpo dele entre minhas pernas e comecei a massagem cardíaca na presença dos outros doentes, tão apavorados quanto eu. Por causa do nervosismo, não me ocorreu chamar alguém para ajudar, e nem notei quando entrou na sala a voz que berrou atrás de mim:

— Parada cardíaca! Bisturi e um par de luvas!

Era o dr. Euclides Marques. Um dos pioneiros do transplante cardíaco — o primeiro do Brasil seria feito no ano seguinte —, conhecido rato de pronto-socorro, não estava nem de plantão, mas viu a cena e decidiu intervir. Pediu que eu descesse da maca, calçou as luvas e com o bisturi abriu um rasgo profundo no tórax do cearense. Em seguida, enfiou a mão direita pela abertura e começou a massagear o coração.

Fiquei abismado com a pronta iniciativa do cirurgião; imaginei quantos anos ainda se passariam até chegar o dia em que me considerasse preparado para tomar uma atitude como aquela.

Quando o coração voltou a bater, descompassado, senti uma emoção forte, misto de fascínio pela medicina e pela antevisão da alegria daquele homem ao voltar para casa depois de haver renascido graças à obstinação de um médico competente.

Dez minutos depois, no entanto, o coração parou definitivamente.

Assim que se convenceu da irreversibilidade da parada cardíaca, o cirurgião tirou as luvas e saiu da sala sem fazer nenhum comentário.

Dois meses mais tarde, estagiei no pronto-socorro de Pediatria do Hospital das Clínicas, na época um dos poucos centros especializados nesse tipo de atendimento na cidade. Era uma sala grande, atulhada de berços com colchões cobertos de plástico e uma cadeira ao lado para a mãe, providência necessária para não deixar a criança sozinha e ao mesmo tempo aliviar as tarefas da enfermagem sobrecarregada.

O movimento era absurdo; às vezes não havia outro jeito senão acomodar dois bebês numa cama só. A maioria vinha com diarréia e desidratação; os outros sofriam de infecções respiratórias, coqueluche, complicações de sarampo, meningite e até paralisia infantil. Com trinta, quarenta crianças internadas num mesmo espaço, a choradeira não dava trégua; nos horários de pico, quando cismavam de esgoelar-se em coro, era necessário muito equilíbrio psicológico para resistir ao ímpeto de fugir daquele inferno.

A figura das mulheres dia e noite ao lado dos filhos era comovente, estavam sempre a afagar-lhes a cabeça, oferecer-lhes o peito, pegá-los no colo para niná-los quando se desesperavam. Se por alguma razão eram obrigadas a se afastar, as avós ou as tias das crianças vinham substituí-las; homem a cuidar do filho era ave rara.

Na década de 60, as brasileiras tinham em média cinco ou seis filhos. Criança pequena morrer era acontecimento tão freqüente que, ao tirarmos a história, a primeira pergunta era quantos filhos haviam dado à luz e a segunda, quantos deles permaneciam vivos. Os serviços de saúde da cidade não estavam preparados para assistir à massa de imigrantes nordestinos que chegava à periferia, criando vilas e bairros populosos.

Os doentes, envoltos em múltiplas camadas de fraldas e em xales baratos, vinham febris, de olhos encovados, com história de diarréia instalada havia muitos dias, conseqüência do saneamento básico precário, da falta de higiene ao manipulá-los e de esclarecimento aos pais para trazê-los logo no início da doença. Como ainda não existiam unidades de terapia intensiva, os que corriam risco de vida dividiam o espaço com os demais.

O trabalho de enfermagem era executado por auxiliares mais velhas, experientes, treinadas na labuta diária, capazes de puncionar veias invisíveis no dorso do pé ou no couro cabeludo de recém-nascidos. No meio da confusão, quando pediam que fôssemos depressa ver um doente, era melhor largar tudo e obedecer, porque o olho clínico daquelas mulheres era mais acurado do que nosso olhar principiante.

Raros os plantões em que não perdíamos duas ou três crianças; às vezes morriam cinco ou seis. Eram tantas que no caminho para casa ficava difícil lembrar do rosto de todas. Paravam de respirar ao lado das mães resignadas. Era comum estarmos entretidos com um doente em estado grave e outro morrer no berço vizinho, sem que nos déssemos conta.

O choro da mãe que perdia o filho contagiava as outras ao redor. Então se calavam, e sobrevinha um silêncio que durava horas.

Chegávamos às sete da manhã e saíamos às oito ou nove da noite, depois de passar o plantão para a equipe noturna. Ao atravessar a porta do pronto-socorro, tomávamos consciência do mundo exterior, das ruas movimentadas e das pessoas alheias à sorte daqueles de quem havíamos cuidado o dia inteiro.

Deixava os plantões arrasado, revoltado com a ordem econômica responsável por tamanha desigualdade, em dúvida se os comunistas não estariam certos ao pregar que a única saída para o país era a revolução.

Guardo dessa época lembranças gratas, apesar de tudo. Lidar diariamente com a morte daquela forma foi o golpe de misericórdia em minha onipotência juvenil; tenho a impressão de que comecei a ser médico naquele pronto-socorro.

No final do estágio, ao sair de um plantão à noite, vi uma mulher sozinha, chorando baixo, com a testa encostada num poste de sinalização. Mesmo com pouca luz, reconheci a mãe de um menino de dois anos, portador de miocardite. A criança tivera uma parada cardíaca, e havíamos tentado reanimá-la com massagem por mais de duas horas, em vão. Assim que me viu, ela se desencostou do poste e caminhou em passos lentos na direção da saída. Ao passar por ela, me senti na obrigação de dizer alguma coisa, mas nada me ocorreu. Assim, pus a mão em seu ombro, e seguimos juntos até o portão. Era moça ainda, mas tinha o rosto marcado como o de uma senhora de idade.

Fomos sem dizer palavra até a calçada. Quando nos separamos, ela se curvou e beijou minha mão. Fiquei sem graça e dei um beijo na mão dela.

A outra fisionomia

No Hospital do Câncer de São Paulo (onde trabalhei por vinte anos), logo senti a diferença entre enfrentar a perda ocasional de um doente e conviver cotidianamente com a onipresença da morte. Ainda que a experiência no pronto-socorro de Pediatria tivesse sido a mais dolorosa pela qual já havia passado: ali, a morte invadia a sala, pousava ao acaso sobre uma das crianças e se recolhia, à espreita.

Nos pacientes com câncer, a morte adquiria outra fisionomia. No ambulatório, a simples leitura do prontuário médico muitas vezes deixava claro que o próximo a entrar não teria a menor chance de cura. Não era raro serem pessoas que ignoravam a gravidade de seus casos, sem sintomas nem sinais sugestivos do estado avançado dos tumores que cresciam em seus órgãos internos. Impossível evitar identificá-las com alguém da família, amigos queridos ou mesmo comigo. Se morrer era o evento mais infeliz da existência, como evitar considerá-las dignas de compaixão? Com a piedade pela sorte do outro como pano de fundo, entretanto, como incutir nele otimismo, vontade de lutar ou crença no futuro? Como conviver intimamente com a infelicidade alheia, sem me tornar um homem amargurado ou insensível?

Nessa época, tratei de um rapaz chamado Vicente, de

vinte e cinco anos e dois metros de altura, que chegou acompanhado pela irmã mais nova, quase tão alta quanto ele, e pela mãe, de capa de chuva. Os pais eram primos-irmãos, e os dois filhos nasceram com numerosas pintas no corpo, associadas a um defeito genético que os tornava suscetíveis a tumores malignos nas zonas da pele expostas à luz solar. Ambos já tinham sido submetidos a diversas cirurgias para retirada de lesões nos braços, nas mãos e na face. O quadro do rapaz era bem pior, porque uma delas havia dado origem a três metástases no pulmão esquerdo.

Naquele tempo, por falta de opção mais eficaz, tratávamos esses casos experimentalmente com a vacina BCG oral, utilizada na prevenção da tuberculose. Curiosamente, seis meses depois um dos nódulos pulmonares tinha desaparecido e os outros dois, diminuído. Nos meses que se seguiram, a doença permaneceu estável: não surgiram outras metástases, nem houve redução das já existentes. Como o estado geral continuava muito bom, imaginei que uma operação poderia livrá-lo da doença e propus a ele discutirmos a idéia com o Departamento de Cirurgia. Antes, fiz questão de explicar que a conduta contrariava o dogma vigente na época, que contra-indicava a cirurgia em casos de metástases nos pulmões. Consciente do perigo que enfrentaria, Vicente aceitou a sugestão com entusiasmo; por ele, seria operado no dia seguinte.

Infelizmente, entretanto, todos os cirurgiões ouvidos discordaram com veemência da indicação por julgá-la agressão inútil num caso incurável. Tive tanta dificuldade em convencê-los dos benefícios da tentativa, que cheguei a duvidar da sua conveniência.

Achava-me nesse estado de espírito, quando apareceu em minha sala no ambulatório o dr. Antônio Amorim, cirurgião da velha guarda, um dos mais hábeis do hospital:

— Ouvi dizer que você deu de indicar ressecção de metástases pulmonares. Perdeu o juízo!

— É possível — respondi com má vontade.

— Não adianta ser mal-educado. Se você me convencer de que vai ajudar o doente e ele estiver de acordo, eu opero. Não será o primeiro desatino da vida.

Na sexta-feira seguinte, as lesões foram retiradas em menos de duas horas. No final, agradeci a boa vontade e elogiei sinceramente a habilidade do cirurgião e o resultado obtido. Num tom cético, ele respondeu:

— Não fique muito animado, daqui a três meses a doença voltará. Se ele ainda viver seis meses, pode dar graças a Deus.

— Então por que você concordou em operar?

— Em respeito à vontade dele, e à sua.

Domingo à noite, dois dias depois da cirurgia, recebi o telefonema de um colega do hospital:

— Liguei para dar uma notícia triste: o Antônio Amorim morreu de ataque cardíaco.

Vicente viveu cinco anos mais. Nesse período, foi promovido no emprego duas vezes, comprou um apartamento no Tatuapé e casou com uma filha de árabes de corpo miúdo e olhos enormes, que brilhavam quando ela olhava para ele.

O filho da costureira

A chegada da morte nem sempre tem o significado de desgraça. Não há quem discorde quando essa afirmativa é aplicada a pessoas decrépitas, aos que enfrentam graves padecimentos físicos, dores incontroláveis, ou àqueles que perderam o domínio das faculdades mentais. Fora de tais situações, no entanto, associamos esse momento à tragédia, à tristeza profunda e ao desconsolo.

Pessoalmente, fui marcado pela conotação dramática da morte em minha infância no Brás, habitado por imigrantes oriundos de pequenas aldeias da Itália, Portugal e Espanha, que vinham atrás de trabalho nas fábricas do bairro paulistano. Quando morria alguém da família, estendiam na janela um pedaço de veludo preto com franjas douradas e montavam o velório na própria casa, com o caixão sobre a mesa de jantar, entre quatro castiçais de prata que espalhavam o cheiro forte das velas, para mim definitivamente associado à presença da morte.

Às crianças, não permitiam entrar na sala em que jazia o corpo. Nossa única oportunidade de acesso visual à cerimônia acontecia na saída para o enterro, momento que aguardávamos com ansiedade, na calçada.

O sinal de que esse instante se aproximava era dado pela chegada do carro funerário, que estacionava em frente à casa.

Pela janela, ouvíamos a oração final do padre, seguida dos lamentos e gritos de desespero das mulheres quando a tampa do caixão era fechada.

Não demorava para saírem os homens de semblante pesaroso e terno escuro, com uma faixa preta na lapela, carregando o caixão pelas alças. Nessa hora, a intensidade da choradeira atingia o auge; havia mulheres que se agarravam ao caixão para puxá-lo de volta, outras se atiravam contra as janelas do rabecão.

A tragédia da morte representada por essas imagens teatrais permaneceu congelada em minha imaginação até os primeiros meses de exercício da cancerologia. Tomei consciência e comecei a me livrar dela aos trinta e dois anos, graças a seu Vitorino, um senhor nascido no interior de Minas, no início do século XX, como conseqüência da paixão de uma costureira por um mascate sírio que visitava a cidade a cada três semanas.

Para fugir do falatório do lugar, a jovem mãe solteira veio para São Paulo com o menino e se instalou na casa da tia-avó, numa travessa do largo São José do Belém, um fim de mundo naquele tempo. Costureira habilidosa e infatigável, em poucos anos ela pôde morar só com o filho e pagar-lhe os estudos no colégio Coração de Jesus, dos padres salesianos, até formá-lo contador.

Seu Vitorino tinha mulher e duas filhas casadas quando o conheci, com o abdômen distendido, cheio de líquido, por causa de um tumor avançado no fígado. Tratei dele apenas um mês, a segunda metade do qual em visitas diárias a seu leito hospitalar. Nesse período jamais o encontrei sozinho; a esposa e as filhas se revezavam, atenciosas e solidárias. Numa das visitas, deparei com as três a cuidar dele e, em tom de brincadeira, disse-lhe que me sentiria realizado se um dia recebesse de minha mulher e de minhas filhas o amor que as dele lhe dedicavam.

— Não é difícil, é só o senhor ser para elas o marido e o pai que ele tem sido para nós — respondeu a mais velha.

Minutos antes de seu Vitorino falecer, fui chamado para vê-lo. No quarto, a esposa acariciava-lhe os cabelos; do outro lado, de frente para o pai, as filhas, em pé, abraçadas pelos maridos, guardavam pequena distância do leito. O pôr-do-sol deixava o quarto alaranjado.

Inconsciente, seu Vitorino respirava com grande dificuldade. Acelerei o gotejamento do soro com morfina para impedir que ele sentisse algum mal-estar e aguardei ao lado, a observar em silêncio os movimentos respiratórios cada vez mais espaçados e superficiais.

Cinco minutos depois, uma pausa demorada antecedeu um último estertor, que produziu a contração dos músculos do pescoço e provocou a emissão de um som rouco, quase inaudível, de curtíssima duração. Nada mais.

Ninguém chorou. Ficamos na posição em que nos encontrávamos, estáticos, por um tempo longo. Nunca havia imaginado que a morte pudesse trazer tamanha paz.

"Segunda sem lei"

Um corpo sem vida tem o dom de atrair a curiosidade humana. É só observar como os automóveis diminuem a velocidade ao passar por algum atropelamento na pista, ou as aglomerações que se formam ao redor do transeunte caído numa rua de movimento. As crianças manifestam essa atração com espontaneidade, os adultos nem tanto; procuramos resistir a ela por considerá-la mórbida e por medo de que a figura da pessoa falecida fique impregnada em nosso imaginário e nos visite em ocasiões inoportunas. Quando por alguma razão, entretanto, conseguimos romper essa resistência e nos detemos diante de alguém que acabou de morrer, somos inevitavelmente invadidos por um silêncio reflexivo.

Nos treze anos em que trabalhei na Casa de Detenção de São Paulo, experimentei repetidas vezes o contato com a morte violenta. As tardes de segunda-feira, período normalmente dedicado ao trabalho voluntário que ali realizei, eram especiais na rotina do presídio: dia de cobrar as dívidas dos detentos que prometiam saldá-las com o dinheiro trazido pelas visitas no fim de semana. Era tão corriqueiro pagar a inadimplência com a própria vida, que esse dia da semana ficou conhecido como "segunda sem lei", no linguajar da malandragem.

Como raramente havia outros médicos no presídio nessas tardes de ausência da lei, eu era chamado para atestar o óbito, antes do encaminhamento do corpo para autópsia no Instituto Médico-Legal.

A primeira vez que atendi a uma ocorrência desse tipo, haviam trazido o corpo para o chão de um pequeno banheiro, que funcionava como necrotério improvisado, no térreo do Pavilhão 4. O rapaz ensangüentado era magro, tinha os dentes da frente em péssimo estado e vários furos de faca no peito e nas costas. Ao vê-lo, senti um mal-estar físico que procurei disfarçar diante do funcionário junto de mim e da meia dúzia de presos postados à porta: a boca ficou seca, amarga, o coração disparou, e duas garras espremeram minha garganta. Para me acalmar, perguntei ao funcionário como deveria preencher a ficha de encaminhamento, mas estava tão nervoso que nem ouvi a explicação.

Quando cheguei em casa, minha mulher estranhou minha expressão carregada; jantei sem fome e demorei muito para pegar no sono. Nos dias que se seguiram, a figura do corpo imóvel no chão do banheiro surgia nítida quando eu menos esperava. As experiências anteriores com a morte natural dos doentes com câncer não me ajudaram a encarar com isenção profissional o primeiro encontro com aquele retrato da selvageria humana.

Infelizmente, essa foi a primeira de muitas verificações de óbitos semelhantes na cadeia; cheguei a atestar três na mesma tarde. A sucessão de casos me ensinou a controlar as reações viscerais e a manter equilíbrio emocional diante deles, mas não foi capaz de evitar que algumas imagens daquelas mortes ficassem impregnadas em minha memória.

Só não sei explicar por que essas lembranças se restringem a apenas uma fração das dezenas de casos atendidos.

Como foi possível ter apagado tantos mortos da memória, enquanto a fisionomia de outros retorna por conta própria, viva em minha mente, como se eu os tivesse examinado ontem?

A lição mais importante retirada dessas experiências traumáticas foi a de que a violência extrema é um facho de luz tão forte que cega o observador. Ofuscado, ele enxerga a cena do crime distorcida, perde o discernimento para avaliar as circunstâncias e analisar o comportamento das pessoas presentes. Talvez por isso, não tenho lembrança alguma dos presos nem dos funcionários que estavam por perto nas primeiras mortes que atestei; delas guardei apenas a lembrança do silêncio sepulcral dos homens em volta do corpo inerte. Daquelas a que assisti mais experiente, menos dominado pela emoção, entretanto, fui capaz de gravar mais detalhes.

Ao entrar no Pavilhão 4 numa tarde abafada de verão, meses antes de a Detenção ser implodida, estranhei o silêncio absoluto, assustador. Perguntei ao funcionário da entrada o que havia acontecido.

— Mataram um ladrão no terceiro andar — respondeu.

Na subida para a enfermaria do quarto andar, espiei a galeria do terceiro. Vi uma pequena aglomeração lá no fundo, e mais ninguém; as portas das celas estavam encostadas, com exceção de uma única, escancarada, do lado esquerdo, pela qual a luz gradeada da janela se projetava no corredor.

Por curiosidade, segui pela galeria na direção do grupo, vigiado por olhares escondidos atrás dos guichês e das frestas das portas de ferro. Nenhum movimento, ruído ou rádio ligado.

Encontrei cinco homens em volta de um jovem caído de braços abertos, cabelo desgrenhado, camisa estraçalhada e os invariáveis furos de faca, com sangue escorrido pela roupa. A barba por fazer era rala, e os músculos fortes; se tivesse trinta anos seria muito.

Permaneci quieto ao lado do corpo, como eles. Poucos minutos depois da excitação dos homens enfurecidos que encurralaram e esfaquearam o rapaz, aquele silêncio respeitoso!

Devagar, as celas foram se abrindo, e a roda aumentou. Vez por outra, a quietude era quebrada por um sussurro espantado de alguém que chegava: "Nossa!"; "Tá louco, meu!".

Quando a roda já estava grande, um negro franzino de cabelos brancos pediu licença aos companheiros para chegar até o centro. Era um desses personagens reincidentes no crime, que os mais jovens da cadeia chamam de "tiozinho".

De cabeça baixa, ele parou alguns instantes em frente ao rapaz estatelado, abaixou-se, cerrou-lhe as pálpebras com delicadeza, dobrou-lhe os braços sobre o peito, retirou um terço de contas claras que trazia no pescoço e com ele prendeu as mãos sem vida em posição de prece.

Depois ajoelhou, rezou baixinho um padre-nosso, que algumas vozes acompanharam em uníssono, fez o sinal-da-cruz e se afastou em passo cadenciado até sumir no fundo escuro da galeria.

Palavras

Decifrar intenções contidas no que diz a pessoa doente e seus familiares talvez seja o mais difícil na medicina. Alguém que, na primeira consulta, afirma fazer questão de conhecer a verdadeira natureza de sua doença mas durante os meses seguintes não faz uma única pergunta sobre ela deseja mesmo saber o que se passa? Quando a esposa, consternada, diz temer que se prolongue o penar do marido e pede para que o tratamento seja interrompido, pretende evitar que ele sofra ou simplesmente espera que deixe de dar trabalho? Se um filho dedicado faz o mesmo pedido em relação à mãe, é para poupá-la de fato ou porque não consegue suportar o desgosto de vê-la ir embora lentamente?

Muitos anos atrás apareceram em meu consultório dois irmãos de terno bem cortado, com radiografias e um relatório da cirurgia do pai, industrial de setenta e sete anos, viúvo, operado de câncer gástrico. O cirurgião havia conseguido extirpar o tumor do estômago, mas não as ramificações pelas estruturas vizinhas. Expliquei-lhes que o caso, apesar de incurável, poderia ser tratado com quimioterapia, a qual naqueles dias já se mostrava mais eficaz e tinha menos efeitos indesejáveis.

No estilo dos administradores de negócios, quiseram saber quanto tempo duraria o tratamento, qual a toxicidade esperada, que benefícios traria para a qualidade de vida do pai e, especialmente, quanto tempo ainda lhe restaria. Quando saíram, fiquei com a impressão de que não os convencera. Estava enganado: uma semana depois voltaram com o doente.

Não os tivesse visto pouco antes, seria difícil reconhecê-los: na presença do pai, comportavam-se como adolescentes cordatos.

Mesmo fragilizado pela perda de dez quilos, desse dia em diante o doente assumiu o controle de tudo: vinha sozinho para as consultas, tomava o soro com quimioterápicos e ia embora com o motorista. Consciente da natureza da enfermidade que o afligia, procurava deixar claro que as decisões técnicas ficavam a cargo da equipe incumbida de tratá-lo; a ele, cabia cumprir sua parte disciplinadamente: retornar na data marcada, com os resultados dos exames solicitados.

A resposta ao tratamento foi brilhante: recuperou o peso perdido e pôde voltar a cuidar de seus negócios. Nessa fase, estranhamente, começaram nossos desencontros com os filhos, que pediram uma reunião com a equipe médica para discutir suas preocupações com a saúde do pai. Quando este se afastara do trabalho devido à cirurgia e aos primeiros ciclos de quimioterapia que a ela se seguiram, os irmãos dividiram os afazeres e assumiram a administração das fábricas. Com a melhora das condições físicas, o pai, controlador, havia retomado as atividades e os rebaixara às posições anteriores. Alegavam não ver sentido no fato de o velho industrial enfrentar aquele excesso de trabalho nos seus últimos meses. Sugeriam que nós o convencêssemos a tirar férias e ir para uma fazenda de propriedade da família, no Pantanal mato-grossense, onde ele poderia pescar, descansar e aproveitar o finalzinho da vida.

Nada havia de errado em passar alguns dias no Pantanal, mas não fazia sentido interromper por muito tempo o tratamento semanal que tanto benefício havia lhe trazido. Para continuá-lo, seria preciso ir e voltar de Mato Grosso toda quarta-feira, esforço inviável para um homem de setenta e sete anos com câncer de estômago. E se passasse mal na fazenda? Quem o acudiria?

Nesse momento, Narciso, meu sócio desde que abrimos o consultório, médico de raro sentido prático, perguntou:

— O que o pai de vocês pensa dessas férias sem tratamento?

— Esse é o problema, papai é um italiano teimoso, dominador, não admite deixar o comando das fábricas. Só os senhores teriam argumentos para convencê-lo de que a quimioterapia pode ser interrompida e que uma temporada num lugar tranqüilo seria fundamental para o seu restabelecimento.

Foi claro o desapontamento dos dois ao ouvir que não estávamos dispostos a dar o conselho sugerido. Só faltou nos acusarem de desumanos por negar a um enfermo idoso a oportunidade de passar os últimos dias em paz. Desde então, nunca mais telefonaram.

Depois de um ano e meio em remissão, a doença recrudesceu. Espalhado pelo abdômen, o tumor provocou perda de apetite e dores que exigiram o uso continuado de analgésicos. Foi quando o filho mais velho me ligou:

— Doutor, papai está morrendo, mas não desiste: passa o dia no telefone dando ordens para os gerentes. Nem agora os senhores podem impedir que ele se mate de tanto trabalhar?

— Seu pai insiste que o trabalho é a razão da vida dele. Está lúcido, tem uma vontade de ferro, não vejo razão para aconselhá-lo a cruzar os braços e aguardar o fim. E, mesmo que visse, não haveria a menor chance de convencê-lo.

— Então vamos fazer o seguinte: os senhores dão um atestado dizendo que ele está mentalmente incapacitado para o trabalho, e nós o interditamos, para o bem dele.

O doente ainda viveu três meses. Dois dias antes de sua morte fui vê-lo em casa. Estava de roupão, na poltrona da sala, com uma sonda gástrica pendurada no nariz, muito magro outra vez, rodeado por cinco homens de gravata que, como alunos bem-comportados, anotavam suas ordens em blocos de papel.

Especialmente difícil é desvendar as expectativas que se estabelecem entre os casais quando um dos cônjuges percebe que o outro pode morrer em pouco tempo. Nessas oportunidades, geralmente afloram dois tipos contraditórios de sentimentos: de um lado, a tristeza antecipada da perda e a saudade das boas lembranças; de outro, insegurança, medo do futuro solitário e mágoas pelas frustrações, ofensas e humilhações sofridas.

Para agravar a situação, tais sentimentos antagônicos não são mutuamente excludentes; ao contrário, costumam vir à tona de forma simultânea, em proporções variáveis, de acordo com as circunstâncias e a história pregressa da relação afetiva. Um marido que vai trabalhar depois de uma noite insone por causa da esposa enferma poderá achar o sacrifício insignificante se comparado à dedicação dela à família ou revoltar-se contra mais essa tirania da mulher. Que impacto exercerão em seu estado de ânimo a segunda, a terceira e as demais noites maldormidas?

De tanto ser enganado pelas palavras, aprendi a dar mais importância às expressões e aos gestos dos doentes e das pessoas que os cercam. De que adianta uma mulher afirmar sua crença nos princípios mais nobres de solidariedade com o companheiro enfermo, se nenhuma de suas atitudes revela carinho por ele? Que significado atribuir à frase: "Doutor, estou disposto a fazer tudo pela minha mulher", se na madrugada seguinte, quando ela geme de dor, ele fica impaciente? Ou se ele lhe nega acesso ao conforto que as posses do casal poderiam tranqüilamente propiciar?

Em matéria de dinheiro, aliás, assisti às mais impiedosas mesquinharias entre os casais, especialmente quando a pessoa doente é a mulher. Não me refiro aos que mal ganham para as necessidades básicas da família — estes, curiosamente, costumam dar mais demonstrações de altruísmo; falo de gente que importa automóveis, freqüenta os melhores hotéis, compra jóias de milhares de dólares. Posso contar nos dedos as manifestações de desprendimento verdadeiro que tive ocasião de presenciar nesses casos.

Uma delas foi a de um comerciante paranaense de meia-idade, de postura ereta, resquício da formação militar, que, quando terminou a primeira consulta da esposa, portadora de uma neoplasia maligna rara, acompanhou-a até a sala de espera e voltou para dizer, de forma respeitosa mas inequívoca:

— Quarenta anos atrás, quando casamos, não tínhamos um tostão; tudo o que conseguimos foi ao lado um do outro. Somos sócios; portanto, se precisarmos gastar todos os nossos bens, não teremos perdido nada, simplesmente teremos voltado à condição inicial. O senhor se preocupe com o melhor tratamento existente aqui ou no exterior. Dinheiro é problema meu! Estamos entendidos?

Nos dois anos seguintes, por minha sugestão, ele a levou duas vezes para consultas médicas com o dr. Ronald Bukowski, na Cleveland Clinic, uma das quais coincidiu com um curso que eu fazia no mesmo hospital. Nessa oportunidade, os exames mostravam que a doença havia entrado em remissão completa, e eles não cabiam em si de contentamento. Fizeram questão de me oferecer um jantar num dos melhores restaurantes da cidade.

O jantar foi agradabilíssimo. Embora fosse pouco provável que a remissão obtida se mantivesse por muito tempo, naquela época eu já havia entendido que o oncologista deve fazer de tudo para evitar que especulações pessimistas sobre o futuro de seus doentes contaminem os momentos de otimismo vividos por eles.

Tomamos vinho, e ri muito com as histórias dela, mulher espirituosa, de agudo senso de observação, capaz de romper com graça os limites dos bons modos que as antigas famílias do interior impunham às meninas, ocasiões em que ele, complacente, advertia-a com a mesma recomendação: "Devagar, dona Joana, devagar!".

Ao nos despedirmos no saguão do hotel, agradeci sinceramente a oportunidade de compartilhar com eles a alegria daquela noite. Ela me beijou; ele apertou minha mão com força e inclinou o corpo como se fosse me dar um abraço, mas parou a meio caminho:

— Doutor, vamos prometer que de hoje em diante, ao redor desta data, todos os anos, até o fim da vida, vamos nos encontrar para um jantar como o desta noite?

Infelizmente ela não resistiu até o jantar seguinte. Uma semana antes de aquela noite em Cleveland completar um ano, no entanto, ele me telefonou de Curitiba para saber se nosso compromisso estava de pé, e veio a São Paulo especialmente para cumpri-lo.

Jantamos no restaurante predileto do casal e não falamos de outro assunto além da vida da mulher ausente. Ele descreveu a infância na fazenda em que ela morou com os pais e as cinco irmãs até os dez anos, a casa na capital para onde a família se mudou, o prédio do colégio de freiras onde as seis meninas estudaram, o uniforme escolar, e contou histórias vividas por ela muitos anos antes de os dois se conhecerem.

Ao contrário do que eu havia suposto, a conversa em nenhum momento chegou a ser melancólica; na verdade, nada teve de triste. Ele falava da esposa com entusiasmo e alegria incontida, como se ela estivesse viva; chegava a rir descontraidamente dos casos mais engraçados. O único instante em que se emocionou foi ao narrar o primeiro encontro, num baile do clube militar:

— Quando a orquestra tocou "Moonlight serenade", eu a tirei para dançar. Demos as mãos, toquei as costas dela, e nossos olhares se encontraram, envergonhados. Fiquei trêmulo. Quero passar o resto da vida abraçado com essa moça, pensei.

Contou que, três meses mais tarde, pediu-a formalmente em casamento com as seguintes palavras:

— Joana, meus pais arrastaram frustrações, mágoas e implicâncias mútuas pela vida afora. Não que brigassem... nem chegavam a esse ponto... eram silenciosos na presença um do outro. Não vou viver assim, prometi desde menino. Quero pedir você em casamento para sermos felizes; nunca brigaremos por causa do tubo de pasta de dentes, nem por ciúmes descabidos; pretendo ser seu companheiro pelo resto da vida, sentar no sofá da sala com você à noite, escutar "Moonlight serenade" e me sentir em paz com a mulher que mais desejo, no melhor lugar do mundo.

Nos três anos que se seguiram ao falecimento de dona Joana, a rotina do jantar foi repetida naquele restaurante. Ele continuava morando na mesma casa, mantida intacta, e depositava flores no túmulo da esposa diariamente, no caminho do trabalho. Quando a saudade apertava, folheava álbuns de fotografias antigas, relia cartas de amor trocadas desde a juventude e punha na vitrola os discos que gostavam de ouvir nas noites frias, aconchegados junto à lareira.

No telefonema que antecedeu o quarto jantar, para minha surpresa, ele anunciou em tom formal que não viria só; tomaria a liberdade de trazer a nova companheira, com quem tinha casado havia três meses no civil e no religioso. Esperava que eu aprovasse a escolha.

Cheguei ao restaurante dez minutos antes e sentei à mesma mesa dos anos anteriores, reservada por ele. Pouco depois entraram os dois, ele, empertigado, de blazer azul-marinho; ela, de tailleur escuro e colar de pérolas, sorrindo de longe. Quando se aproximaram, não consegui esconder meu espanto. Não é que a nova companheira fosse parecida com dona Joana: era sua sósia!

Na realidade, tratava-se de uma das irmãs dela, que ficara viúva oito meses antes.

Talvez a única situação em que se pode confiar sem reservas na verdadeira intenção das palavras seja quando a mãe pede pelo filho doente. Filhos desejarem a morte dos pais por razões egoísticas, maridos a de esposas, e vice-versa, eu vi muitas vezes, mas mãe deixar de lutar pela última esperança de prolongar a vida do filho é raríssimo! Só encontrei uma exceção, mesmo assim por equívoco: a mãe de Giovanni.

A mãe de Giovanni foi obstinadamente contra o tratamento que propusemos para destruir um tumor enorme no cérebro do filho, tentativa heróica de salvar-lhe a vida. Chorando sem parar, opunha-se a nossa sugestão por pressentir a morte do rapaz durante o procedimento cirúrgico. Aliás, era mais que pressentimento: ela estava certa de que isso aconteceria; repetia que o instinto materno a aconselhava a deixar o filho morrer tranqüilo a seu lado, e não sozinho numa sala de operação.

Meses antes, essa senhora aparecera no hospital com o filho de vinte anos e o marido marceneiro, com sotaque napolitano. A doença tinha se instalado com tosse persistente e o crescimento rápido de um tumor duro, do tamanho de uma laranja, junto ao pescoço. O vulto do tumor na fossa supraclavicular esquerda era visível sob a camisa do rapaz. Haviam peregrinado por diversos serviços médicos com os quais a fábrica em que o pai trabalhava mantinha convênio, sem encontrar solução para o quadro.

Ao examinar o rapaz, notei um nódulo do tamanho de uma azeitona no testículo esquerdo — que nem ele nem médico nenhum haviam palpado —, uma massa abdominal grande como uma bola de futebol de salão e numerosos nódulos na superfície do fígado. Os exames confirmaram tratar-se de um câncer de testículo com mais de cinqüenta metástases pulmonares, disseminação hepática, massas tumorais confluentes no abdômen e na fossa supraclavicular. Era o caso mais avançado desse tipo de câncer que eu já tinha visto.

Estávamos em 1980, e acabava de ser lançada no Brasil a cisplatina, droga que revolucionou a quimioterapia dos tumores de testículo. Dois ciclos desse medicamento em associação com outros foram suficientes para induzir remissão completa da doença. Dois ciclos mais, e o tratamento foi encerrado com resultado tão espetacular que apresentei o caso em diversas reuniões científicas.

Sete meses depois Giovanni desmaiou na cozinha da casa da namorada, rachou a cabeça na quina da geladeira e se debateu convulsivamente no chão por mais de um minuto. Ao recuperar os sentidos, ensangüentado, sonolento, não sabia onde estava nem fazia idéia do ocorrido. Uma tomografia mostrou um tumor que comprimia a parte central do cérebro, cercado por uma área grande de edema. O quadro era tão dramático que o neurocirurgião a quem mostramos as imagens custou a acreditar que o paciente ainda estivesse vivo.

O crescimento da lesão cerebral, concomitante ao desaparecimento das lesões situadas nos outros órgãos, tinha explicação: existe uma barreira fisiológica que impede a passagem da maioria das substâncias da circulação sanguínea para o liquor, o líquido que banha o sistema nervoso central. Na evolução de nossa espécie, esse mecanismo surgiu como defesa para atender à necessidade de proteger o cérebro contra substâncias tóxicas porventura produzidas por outras células do organismo ou ingeridas na alimentação. Essa barreira hemoliquórica, paradoxalmente, havia impedido que os quimioterápicos administrados chegassem ao cérebro em concentração adequada para protegê-lo da migração das células malignas.

Depois de muito discutirmos, concluímos que a única solução seria introduzir um cateter na artéria carótida esquerda, que irriga o hemisfério cerebral comprometido, e injetar as drogas para fazê-las atingir diretamente o local ocupado pela lesão. O procedimento envolvia tanto risco que não havia consenso entre nós; o próprio neurocirurgião era contrário à idéia, por temer que a injeção aumentasse o edema, com conseqüências provavelmente fatais, dada a situação-limite em que o cérebro se encontrava.

Para agravar a situação, nenhum dos médicos com quem falamos havia tratado casos semelhantes. Telefonei para Ronald Bukowski, na Cleveland Clinic, que conversou com vários colegas e me ligou duas horas depois para dizer que achava a tentativa razoável por conta da falta de alternativa, mas que só havia encontrado dois relatos isolados de injeções de cisplatina na carótida de doentes com metástases cerebrais de câncer de testículo. Naquela época sem internet, o ideal seria fazermos um levantamento bibliográfico sobre o tema, mas a providência demandaria um tempo de que não dispúnhamos.

Fernando, meu irmão dois anos mais novo, também médico, que havia começado a trabalhar conosco depois de um início de carreira como anestesista, convenceu-se de que tentar seria a única saída, e procurou me tranqüilizar:

— Vamos fazer já, porque não vai existir amanhã. A gente toma todos os cuidados. Tem chance de dar certo!

Chamamos os pais de Giovanni e explicamos detalhadamente a instabilidade do quadro neurológico. Advertimos que o procedimento estava sujeito a complicações imprevisíveis, e mesmo à morte, mas reiteramos não haver outra opção.

O pai, com o rosto vincado, falou como se pensasse em voz alta:

— Não precisa ser médico para perceber que meu filho está morrendo. Ontem à noite ele conversou comigo, um pouco confuso, mas conversou. Hoje, já não reconhece ninguém.

Foi então que a mãe implorou que deixássemos o menino morrer em paz, em nome do instinto materno.

Fernando, médico calmo, acostumado a dar aos familiares explicações convincentes, alinhou novamente todos os argumentos a favor da injeção e descreveu as providências que tomaríamos para tudo correr da melhor forma. Quando parecia quase persuadida, a mãe resolveu perguntar:

— E o neurocirurgião que veio examinar meu filho? Por que não está aqui com os senhores?

Fomos obrigados a admitir que o neurocirurgião estava em desacordo com a tentativa por julgá-la arriscada demais e com chance mínima de dar certo. Ela julgou que o parecer contrário do especialista era prova definitiva da correção de suas premonições, e voltamos à estaca zero: melhor o filho descansar em paz, se assim o Senhor desejava.

Já tínhamos nos levantado para sair da sala, desconcertados, quando Fernando usou o argumento definitivo:

— Minha senhora, instintos maternos também se enganam. Até a mãe de Jesus se enganou com o destino do filho! Se o seu estiver equivocado, a senhora vai carregar para sempre o remorso de ter negado a seu filho a última chance de continuar vivo.

Ela levantou a cabeça e encarou Fernando longamente, o marido sentado, de cabeça baixa, eu em pé, à porta.

Por fim, quebrou o silêncio, resignada:

— Está bem, Deus ajude os senhores.

Do procedimento cirúrgico mais simples ao de alto risco, não existe nenhum totalmente seguro. Essa constatação coloca os cirurgiões diante do paradoxo de, para tranqüilizar o doente, assegurar-lhe que tudo correrá bem e ao mesmo tempo adverti-lo da possibilidade de complicações eventualmente sérias. Naquele caso, por sorte, não houve intercorrência alguma; o paciente saiu do centro cirúrgico para o quarto e, na manhã seguinte, tomou café na mesinha ao lado da cama, lúcido e conversador. Se imaginássemos que tudo seria tão simples, não teríamos assustado a família com tantas apreensões.

Em intervalos regulares, repetimos mais três aplicações de quimioterapia intra-arterial, com a mesma técnica. A lesão cerebral desapareceu definitivamente, deixando como único resquício uma pequena calcificação.

Um ano mais tarde, Giovanni e a noiva apareceram com o convite de casamento. Casaram e tiveram um filho, que levaram ao consultório para me apresentar quando completou um mês de idade.

Sentaram à minha frente com a criança no colo. Ele afastou o xale para exibir o rosto do menino. Tinha os olhos claros da mãe, um tufo exuberante de cabelos, e mexia as pernas e os braços descoordenadamente.

Fiquei tão feliz ao ver o bebê que comecei a rir. Parecia que ele de alguma forma me pertencia. Um neto, talvez. Giovanni e a mulher olhavam para mim e para o filho, e também riam.

O apego

Na infância juramos preferir a morte a perder um braço ou o primeiro amor. Mais tarde manifestamos a mesma intenção por motivos que julgamos mais trágicos: a perda de um filho, da liberdade ou das faculdades mentais. Nesses anos de atividade clínica adquiri a convicção de que tais intenções manifestadas antes da experiência vivida são desprovidas de qualquer valor preditivo. O desejo de viver é instinto tão arraigado que os seres vivos só se entregam à morte depois de exaurido o último resquício de suas forças.

A doença tem o dom de mudar a sintonia do corpo com o ambiente num piscar de olhos. Que graça tem ir a um baile de Carnaval com cólicas abdominais? Ou estar diante da paisagem tropical mais paradisíaca em delírio febril num surto de malária?

Nas limitações ao funcionamento do corpo, as expectativas em relação ao que nos cerca podem mudar radicalmente — o essencial tornar-se supérfluo, e vice-versa, numa fração de segundo. Um doente que não consegue se alimentar há uma semana é capaz de chorar de emoção ao engolir três colheradas de sopa de mandioquinha; outro comemora a proeza de andar até o banheiro com a alegria de quem ganhou a maratona de Nova York. Só quem padece de dores contínuas conhece o prazer de passar duas horas sem elas.

No tempo em que câncer de mama era tratado com a chamada mastectomia radical, cirurgia em que é retirada a mama inteira, bem como os músculos situados sob ela na parede do tórax, restando apenas a pele a recobrir as costelas saltadas, havia mulheres que juravam preferir a morte. Não encontrei uma só que não aceitasse a mutilação meses depois do diagnóstico, quando o tumor ulcerava a pele mamária.

Osteossarcoma é um tipo de câncer que se instala preferencialmente nos ossos das extremidades de crianças e adolescentes. Graças aos avanços da quimioterapia ocorridos nos últimos vinte anos, a maioria desses casos hoje evolui para a cura definitiva, com tratamentos que permitem preservar a função do membro acometido, mas, até a década de 70, o único tratamento eficaz para a doença era a amputação. Não existia alternativa, apesar dos péssimos resultados. Somente dez a vinte por cento dos pacientes se curavam; poucos meses depois da operação, os demais desenvolviam metástases pulmonares de crescimento rápido que evoluíam com insuficiência respiratória progressiva. O quadro era tão grave que os ortopedistas mais velhos, quando examinavam uma criança operada de osteossarcoma havia mais de um ano, desconfiavam da veracidade do diagnóstico.

O prognóstico sombrio causava desalento nos médicos e desespero nos familiares. Não faltava quem acusasse a amputação de inútil, conduta irracional capaz de matar a criança duas vezes: a primeira, de tristeza pela perna perdida; a seguinte, de falta de ar seis meses mais tarde.

Os pais chegavam ao Hospital do Câncer trazendo os filhos com tumores que formavam protuberâncias ósseas, depois de literal peregrinação por médicos despreparados para resolver a dor que a criança sentia na perna. Quando lhes explicávamos que apesar da amputação a chance de cura era pequena, ficavam horrorizados, e muitas vezes desapareciam. Corriam atrás do primeiro a dizer-lhes que estávamos enganados, a cirurgia era desnecessária, e o filho seria curado com vitaminas, gotas homeopáticas, chás de ervas, oração ou passe espírita. Para confundi-los ainda mais nessa busca infrutífera, inevitavelmente encontravam médicos ignorantes da natureza da enfermidade, que faziam o comentário mais irresponsável que um profissional pode fazer em tais ocasiões: "Se fosse meu filho, eu não deixava fazer nada".

Meses depois voltavam com a criança magrinha, olhos saltados, gemendo de dor e pedindo pelo amor de Deus que lhe cortássemos a perna fora. Vi crianças de seis ou sete anos implorando que o fizéssemos naquele mesmo dia.

Em trinta anos de convívio com doentes graves, assisti a dois suicídios. Esse número, comparado aos milhares de pacientes que acompanhei, deixou em mim a convicção de que devem ser raríssimos os que se matam por fatos concretos.

O primeiro aconteceu com uma mulher de cabelos grisalhos, expressão carregada, com história de sucessivas internações psiquiátricas por crises de depressão. Depois de operar um tumor maligno de ovário, essa senhora fez quimioterapia durante seis meses, no tempo em que o tratamento provocava vômitos difíceis de controlar e uma sensação permanente de mal-estar e astenia. Acompanhada pelo marido, um senhor quase tão tristonho como ela, cumpriu o tratamento quimioterápico à risca; jamais faltou a uma sessão ou se queixou dos efeitos colaterais. Quando tudo terminou, foi submetida a uma avaliação radiológica completa, que não mostrou mais nenhum sinal da doença. Eu lhe disse, então, que estava aparentemente curada; daí em diante, apenas os controles periódicos. Ao ouvir a boa notícia, o marido pegou cauteloso no braço dela, que se manteve alheia ao toque e impassível como se acabasse de saber que garoava em Pequim. Na madrugada seguinte, enquanto o marido e a filha mais nova dormiam, ela prendeu os cabelos, passou batom, vestiu roupa de sair e se atirou do décimo andar.

O segundo caso de suicídio foi o de um pintor HIV-positivo que nunca havia apresentado nenhuma manifestação da AIDS; homem de meia-idade, comportamento discreto, sempre de óculos de aros coloridos que contrastavam com a sobriedade das roupas. Na década de 50, num curso de pintura nos Estados Unidos, ele se apaixonara por um professor de história da arte que tinha o dobro de sua idade e fumava sem parar. Vieram para o Brasil e moraram juntos por vinte e oito anos muito felizes, segundo afirmava. Religiosamente, nos meses de abril voltavam a Nova York para ver a primavera, ir aos museus, galerias de arte, e rever amigos. Na última viagem, foram obrigados a retornar às pressas porque o professor apanhou uma gripe forte que descompensou um enfisema pulmonar preexistente. Vieram do aeroporto direto para o hospital. Durante a internação prolongada do companheiro, o pintor se desdobrou para atenuar-lhe as aflições; só se afastava para correr até em casa, trocar de roupa e preparar os pratos prediletos do doente. Três meses depois da morte do professor, meu paciente foi encontrado caído ao lado do fogão, com as frestas das portas e janelas vedadas com esparadrapo.

Poderíamos pensar que, mesmo tomados pela angústia devastadora da aproximação da morte, talvez falte a muitos a coragem física ou até os meios para atentar contra a própria vida. É possível que pelo menos alguns esperassem do médico a iniciativa de livrá-los dessa angústia.

Não é verdade. Em algumas ocasiões vi gente pedir para morrer em momentos de dor lancinante, vômitos incoercíveis, tosse rebelde, falta de ar, desespero, depressão psicológica, ou para chantagear os familiares. Mas alguém sozinho, lúcido, sem dor ou outro sintoma incontrolável, dizer ao médico: "Não quero continuar, pelo amor de Deus acabe com tudo", em mais de trinta anos só ouvi quatro vezes. E, mesmo assim, em duas delas fiquei em dúvida se havia convicção a respeito do que era solicitado.

A primeira vez foi de um intelectual italiano portador de um tumor de próstata disseminado pelos ossos, casado com uma senhora carinhosa, de olhos de água-marinha. Como às vezes acontece com os casais mais velhos, a convivência tinha moldado neles tanta harmonia de gestos, olhares e maneiras de se expressar, que pareciam irmãos. Numa visita noturna, encontrei-o pálido e desanimado; queixava-se de mal ter forças para virar o corpo no leito e queria fazer um pedido:

— Na semana passada completei setenta e quatro anos, já vivi o suficiente. Estou muito cansado, não faço questão nenhuma de continuar vivo a esse preço: dependente, na cama, dando trabalho e vendo minha mulher chorar por minha causa. Por que o senhor não me faz dormir definitivamente? Seria um ato de piedade, não quero estar consciente para viver essa agonia.

Respondi que não o faria, porque boa parte da indisposição se devia à anemia evidente no resultado dos exames colhidos naquela manhã; uma transfusão de sangue certamente lhe traria ânimo. Além disso, decisão tão drástica jamais poderia ser tomada na vigência de mal-estar tão intenso.

Seu olhar pareceu duvidar de mim. Não fosse a intervenção enérgica da esposa, talvez ele não tivesse aceitado a sugestão:

— Querido, você não está em condições de escolher o caminho, vamos fazer como o doutor acha melhor.

No dia seguinte, quando entrei no quarto, ele estava de barba feita e pijama listado, comendo meio mamão com a colher. Cinco dias depois, sem ter voltado a tocar no assunto da sedação, teve uma embolia pulmonar fulminante em frente à TV.

A segunda foi de um paciente portador de AIDS, com história de dois suicídios de familiares em primeiro grau. Parecia mesmo decidido a dar cabo da vida; havia até viajado para a Holanda depois de ouvir que lá praticavam eutanásia legalmente, mas não se entendeu com os médicos e retornou ao Brasil. Fui vê-lo em casa. Estava magro, abatido, com a barba crescida, mas curado da última infecção oportunista. Fala pausada, contou a história da doença e deixou claro que preferia se retirar antes de chegar à fase terminal. Além do mais, tinha a impressão de que ninguém choraria por ele. O tom era convincente; os olhos, parados em mim, estavam embaçados por uma melancolia de dar pena. Queria ir para o hospital, ser sedado e perder o contato com o mundo. Fiquei desconcertado, sem saber o que propor; era a primeira vez que nos víamos. Expliquei que precisávamos conversar mais, uma decisão de tanta gravidade não poderia ser tomada entre dois desconhecidos. Com isso, esperava ganhar tempo para tentar demovê-lo daquela idéia fixa. Ele fez um movimento de cabeça enigmático, desviou o olhar na direção da janela e emudeceu. Levantei e me dirigi à porta. No espaldar de uma poltrona de veludo vi uma malha de cashmere cor de mel; peguei-a, elogiei a cor, a maciez, e perguntei em tom de brincadeira se ele não podia me dar de presente. Respondeu que não, havia comprado a malha em Amsterdã, era de estimação. Viveu pouco mais de dois meses, até contrair uma meningite por fungo. Nesse período, voltou ao tema da morte algumas vezes, mas com a superficialidade de quem discute um acontecimento eventual, jamais com a premência demonstrada no primeiro encontro.

A terceira vez foi de um professor que me ensinou obstetrícia nos tempos de estudante. Tinha nariz de boxeador, dedos grossos e, ao falar, ilustrava as palavras com gestos enfáticos, à moda dos ancestrais italianos. A compleição física de lutador, entretanto, era desmentida pela delicadeza no contato com as mulheres que atendia. Privava tanto da intimidade feminina que algumas vezes o vi colocá-las em posição ginecológica na maca, calçar a luva de exame e, no momento de fazer o toque, iniciar um assunto qualquer sobre a vida delas ou dele e conversar e rir, em pé, diante do sexo descoberto da paciente, com toda a naturalidade. Após muitos anos de afastamento, ele veio a meu encontro em duas ocasiões: na primeira, quando a esposa chegou à fase final de evolução de um tumor maligno; dez anos depois, pedindo que o ajudasse a viver com dignidade seus últimos dias. No decorrer destes, o velho professor me ensinou a derradeira lição, a única que só os grandes mestres ousam discutir com os alunos: como enfrentar a própria morte com sabedoria. Deixarei para mais tarde a história desse homem iluminado.

O quarto caso foi o de uma senhora alemã, sem filhos, uma de minhas primeiras pacientes com câncer de mama avançado, que imigrara com o marido para o Brasil pouco antes da guerra. Cheguei a conhecê-lo; era um homenzarrão dono de uma pequena tipografia, sempre com as unhas impregnadas de tinta preta, desconfortável no paletó azul-marinho que vestia para as consultas da esposa. Acompanhou-a duas ou três vezes depois da mastectomia, e não veio mais. Quando perguntei por ele, a senhora contou que três meses antes, ao levantar, estranhou vê-lo continuar dormindo. Preparou o café e retornou para chamá-lo, mas não ouviu resposta. Essa senhora passou os últimos dias num quartinho do Hospital do Câncer, visitada ocasionalmente apenas por um casal de italianos idosos. Após quase um mês de internação, ela apontou para o frasco de sangue que gotejava e perguntou o significado daquilo. Sem desviar os olhos dos meus nem por um segundo, deixou claro não esperar de mim outra atitude senão aliviar-lhe o mal-estar; numa doença tão resistente, qualquer tentativa de prolongar a vida por meios artificiais não tinha lógica para ela. Consegui convencê-la a terminar a transfusão, mas prometi não tomar outras medidas heróicas. Imaturo para enfrentar situações tão graves, porém, daí em diante fiquei tenso na sua presença, com receio de não saber como reagir se ela tornasse a falar da morte que se avizinhava. Como conseqüência de tal desconforto, guardo o remorso de ter procurado em vão transmitir-lhe um otimismo inadequado à realidade e de ter abreviado nossos contatos diários justamente quando ela mais necessitava de alguém que lhe trouxesse segurança e tranqüilidade.

Durante anos, essa senhora sozinha no hospital, atendida por um médico despreparado para confortá-la, recebendo apenas a visita esporádica de um casal de idade, representou para mim a imagem suprema da solidão humana. Naqueles dias achei até graça quando uma amiga, mãe de três crianças saudáveis, queixou-se de abandono porque o marido trabalhava até tarde.

Anos depois, fiz um estágio num hospital de Nova York e conheci uma pessoa ainda mais solitária do que a senhora alemã. Seu nome era mrs. Parcell.

Mrs. Parcell

Era uma figura muito magra, sempre com um lenço florido que encobria os raros fios de cabelo. As linhas retas do rosto, os lábios delicados e a debilidade da silhueta conservavam os vestígios da beleza nórdica encontrada em certas mulheres do Centro-Leste americano.

Com parcimônia extrema, movimentava-se de camisola rendada pelo quarto do hospital, reflexiva, entretida com um crochê ou com os cartões-postais que recebia. Com esmero, ela os alinhava por ordem de chegada num painel de cortiça pendurado na parede ao lado da cama. Formavam fileiras coloridas e traziam dizeres impressos em letras de ouro rebuscadas, acrescidos de uma ou outra palavra manuscrita e da assinatura do remetente. Dois balões de gás como os de festas infantis resvalavam no teto.

Convivi duas semanas na enfermaria com essa senhora, mãe de um jogador de beisebol do Giants, de San Francisco, e de um engenheiro do Texas. No tampo metálico do criado-mudo três porta-retratos exibiam os demais membros da família: dois netos sorridentes, com chapéu de bruxa, num halloween, e os filhos loiros, de fraque e braço dado com as esposas vestidas de noiva.

Às sete da manhã, quando a equipe médica passava por

seu leito, o chefe do grupo, de gravata e avental engomado, abria um sorriso de dentes perfeitos e desejava bom-dia em tom cantado. Não tocava nela; queria apenas saber das dores, se havia dormido bem e como andavam as funções fisiológicas. Ela respondia que as dores desapareciam instantes depois de apertar o botão do aparelho que lhe injetava morfina na veia, que o apetite era razoável e que tinha muito sono mas acordava com facilidade.

Ele insistia para que não hesitasse em acionar o botão do aparelho ao menor sinal de dor, sorria novamente e perguntava dos cartões novos. Nesse momento, os olhos de mrs. Parcell eram visitados por um brilho azul encantador. Ela indicava no quadro de cortiça os que haviam chegado no dia anterior e nomeava os remetentes: uma nora, o neto, um casal de vizinhos, a amiga de Oklahoma; todos oravam por ela e lhe desejavam pronto restabelecimento.

Uma tarde, mrs. Parcell me contou que ficara sabendo de sua doença três anos antes, quando caíra na porta do apartamento, na volta do supermercado. Havia quebrado a cabeça do fêmur, foi preciso que um vizinho chamasse a ambulância para removê-la do local; fratura espontânea, resultado da destruição óssea provocada por um tumor maligno disseminado silenciosamente pelo esqueleto.

De início a doença respondeu ao tratamento, e a vida voltou ao normal. Por dois anos consecutivos, ela viajou para a Califórnia, onde a família se reunia no Dia de Ação de Graças. Com o tempo, entretanto, o tumor adquiriu resistência aos medicamentos, surgiram dores de intensidade crescente e a conseqüente dependência de analgésicos em doses altas, que a deixavam indisposta para as tarefas diárias. Numa segunda-feira mrs. Parcell não encontrou forças para sair da cama, e a ambulância foi novamente buscá-la.

O filho mais velho chegou do Texas no sábado seguinte. Trazia os biscoitos preferidos da mãe e lamentava não poder ficar a seu lado por causa do excesso de trabalho. À noite, pegou o avião de volta.

No decorrer das duas semanas em que a acompanhei, seu estado se agravou progressivamente. Sozinha o tempo todo, acabou dependendo da enfermagem para as tarefas mais insignificantes. Passava os dias sonolenta; mal sentava na poltrona, pedia que a pusessem outra vez na cama, única possibilidade de conforto mínimo. Aos médicos dava respostas evasivas, monossilábicas, como se tivesse perdido o interesse por si mesma e por tudo o que a cercava. O brilho no olhar ao falar dos cartões tornou-se fugidio; cada vez mais difícil de surpreender.

Com a piora, ela passou a cerrar as pálpebras quando o chefe do grupo lhe dirigia a palavra. Não se preocupava sequer em fixar no quadro os cartões recém-chegados; empilhava-os sobre o criado-mudo.

Três dias antes do Natal, entrou em coma. Pareceria tranqüila, não fosse a sombra quase imperceptível de duas rugas no cenho. A visita médica foi sumária, restrita aos dados técnicos. A luz fluorescente do teto ressaltava a brancura do rosto entalhado de mrs. Parcell, o lençol esticado sobre o corpo longilíneo armava pregas nos joelhos e nos ossos da bacia. Pela janela, via-se a neve esvoaçar contra o paredão cinzento do prédio vizinho. Na cadeira o crochê inacabado, em cima do criado-mudo os cartões abertos. Num deles, em forma de coração rutilante, estava escrito com letra de criança: "We all love you, Grandma".

Seu Nino

Em compensação, seu Nino, que conheci quando eu ainda usava calça curta, viveu cercado de parentes e amigos no Canindé, em São Paulo. Difícil achar outro que gostasse de pescaria como ele. Não ligava para futebol, botequim, jogo de cartas, nem domingo na praia — era homem do trabalho para o lar, como costumava dizer —, mas convidá-lo para pescar no sábado tirava-o do sério.

Na sexta-feira, contrariando seus princípios de imigrante calabrês, saía mais cedo da marcenaria para organizar os anzóis, separar as linhas e chumbadas na caixa de pesca, e preparar a massa de farinha com gotas de anisete para enlouquecer as carpas no dia seguinte. O ritual só acabava às dez, hora de ir para a cama.

Seu Nino era amigo do tio Odilo, o irmão mais velho de meu pai. Tio Odilo era proprietário de uma lanchinha que ele mesmo tinha construído e pintado de azul e branco. Nessa lancha ele, seu Nino, seu Pascoal e seu Duílio iam pescar aos sábados, na represa Billings, no final dos anos 40.

Quando fiz seis anos, o tio me convidou para pescar com eles. Fiquei louco de alegria. A semana se arrastou; na escola, na cama, e até no futebol de rua, eu só pensava na pescaria do sábado, que não chegava nunca. Na véspera dormi na casa do tio e, pela primeira vez na vida, sofri para pegar no sono, de tanta excitação.

O tio me chamou às cinco, tirou a massa de farinha da panela, espalhou-a em cima da pia com capricho, para o anisete evaporar, e tomamos um café reforçado. Saímos no escuro, com a tralha de pesca, um garrafão de água e, envolta num pano xadrez, a cesta de sanduíches de carne assada com cebola.

O Chevrolet levou quarenta minutos pelos trinta quilômetros da via Anchieta, até a represa. Lá, um menino pouco mais velho que eu, de calça arregaçada e cigarro de palha apagado no canto da boca, trouxe o barco até a margem. Navegamos mais de meia hora atrás de um local que agradasse a todos, tarefa revestida de alta complexidade, porque cada um defendia teorias próprias a respeito de onde havia maior concentração de carpas. A demora me deixava ansioso, qualquer lugar parecia povoado de peixes maravilhosos naquela imensidão azul. O sol nascia forte, e tio Odilo pôs na minha cabeça uma boina verde grande demais para uma criança.

Na hora de jogar as iscas, seu Nino pegou no meu braço:

— Menino, aqui não se escuta nem latido de cachorro. Pescaria é o encontro do homem com a paz de Nosso Senhor. É preciso silêncio e boca fechada, entendeu?

Entendi, lógico, seria o último a afrontar Jesus Cristo. Logo eu, no estado de graça em que me encontrava! Passei horas acompanhando as gotas que desciam pela linha de pesca; quando paravam de escorrer, eu afundava a vara na água outra vez.

Lá pelas tantas, seu Duílio quebrou o silêncio:

— Nino, que horas são?

— Não vem ao caso — resmungou o italiano.

Nesse exato instante, senti um puxão tão forte que a vara envergou até a água; quase me escapou das mãos. Por reflexo puxei-a para cima com força, mas ela envergou de novo até afundar. Aflito, gritei:

— Acode, tio!

Ele caiu na gargalhada:

— Cuidado, filho! Não deixa escapar!

Pôs a mão sobre a minha, como se fosse me ajudar, mas não fazia força nenhuma e ainda ria de mim, sozinho contra o desespero do peixe.

Com aquela idade, ver os mil reflexos do sol nas escamas prateadas de uma carpa de quatro quilos que pulava à tona da água foi a sensação mais próxima da felicidade plena que experimentei na infância.

Pois bem, menos de quinze minutos depois a vara envergou de novo. Outra carpa, pouco menor. E, no final da tarde, a terceira.

Diante desta, seu Nino não se conteve:

— Porco Dio! Durma-se com um barulho desses!

Seu Pascoal quis saber a que barulho seu Nino se referia. O italiano explicou, em tom de lamúria, que o grupo pescava fazia cinco anos e, se ele bem lembrava, somente duas vezes alguém fisgara três carpas num mesmo dia. Costumavam levar para casa uma ou duas, no máximo, e não raro voltavam de mãos abanando, ocasiões em que se qualificavam de sapateiros.

A observação gerou uma discussão acalorada sobre o atributo mais notável do pescador: habilidade ou pura sorte. No decorrer do debate, seu Nino, defensor da tese de que o bom pescador dependia apenas da fortuna, a qual lhe voltara acintosamente as costas desde o instante em que viera ao mundo, ficou com o pescoço congestionado de emoção. Daí em diante, não me dirigiu mais a palavra, não respondeu quando lhe fiz uma pergunta, nem se despediu de ninguém ao descer do carro na porta de casa.

Trinta anos depois dessa pescaria, recebi um telefonema do tio Odilo: perguntou se ainda me lembrava de seu Nino e contou que ele estava com uma doença maligna disseminada; já não saía da cama.

Morava no mesmo sobrado do Canindé, com um jardinzinho na entrada, cheio de rosas miúdas, hortênsias, e uma trepadeira de flores amarelas que subia pela grade da janela. A sala estava apinhada à nossa espera: filhos e filhas, noras, genros, primos, vizinhos, e até um bisneto de colo, mamando no seio da mãe. Falavam baixo para não perturbar o enfermo no andar de cima.

A filha mais velha resumiu a história. Até três meses antes, seu Nino levava vida de aposentado: tomava o café-da-manhã, lia o jornal e ia jogar bocha no clube até a hora do sagrado aperitivo na padaria — rabo-de-galo, uma dose só. Descansava meia hora na poltrona da varanda, depois do almoço, e ia para a oficina que montara para se distrair no fundo do quintal; ali, fabricava móveis para os filhos e brinquedos para os netos. Apesar do gênio explosivo e da pressão arterial oscilante, gozava de boa saúde; não podiam supor que um tumor maligno estivesse crescendo em sua próstata.

Terminada a história, uma das senhoras trouxe uma bandeja de café com bolo de milho, e um rapaz loiro de uns trinta anos, no sofá em frente, interveio, solene, em nome da família. Era o filho caçula de seu Nino:

— Pedimos ao senhor a caridade de não revelar a meu pai a natureza da doença. Ele é muito emotivo, se souber que vai morrer, se mata!

Com olhar pesaroso e movimentos de cabeça, todos os presentes anuíram. Haviam dito a seu Nino que as dores eram conseqüência de um reumatismo forte e que eu vinha para aliviá-las por meio de um tratamento imunológico.

Quando a xícara de café andava pela metade, a sala foi invadida por um longo ai, suspirado no andar de cima, seguido de um lamento: "Meu Deus, vou morrer!".

Um desconforto gelado percorreu o recinto. A esposa caiu no choro. O filho caçula levantou, solícito, mas não conseguiu chegar até a mãe no ambiente congestionado; duas senhoras haviam se antecipado para consolá-la.

No quarto, encontrei seu Nino mais gordo, de bruços numa cama de casal, com Jesus Cristo na cruz entalhado na cabeceira. Em volta do leito, quatro senhores de idade e dois mais moços abriram espaço para mim. Apesar dos cabelos brancos e do rosto afundado no travesseiro, lembrei dele com nitidez a recriminar a falta de sorte na pescaria.

Quando me viu, seus olhos se encheram de água. Disse que era emoção pela visita daquele menino magrinho que andava pelo bairro, agora um doutor... e ele ali, à espera da morte.

Com o tratamento, seu Nino pôde sair da cama e andar de bengala. Voltou a encontrar os amigos do jogo de bocha, retomou a rotina do rabo-de-galo na padaria e dos pequenos trabalhos na oficina. A respeito do diagnóstico, não foi necessário mentir: ele nunca fez perguntas.

Um ano depois daquela visita domiciliar, as dores retornaram, perdeu o apetite e enfraqueceu a ponto de não conseguir andar sem ajuda. Acabou contraindo uma pneumonia grave e foi internado: a doença chegava ao final.

Fui vê-lo quando entrou em choque, num fim de tarde. Ao sair do elevador, tomei um susto: havia uma multidão no corredor. Foi preciso abrir caminho para ir ao posto de enfermagem, onde soube que nem todos eram familiares dele; metade prestava solidariedade a um senhor árabe agonizante no quarto vizinho.

Unidas por essa solidariedade que a chegada da morte de um ente querido traz à flor da pele, as famílias se confortavam. Falavam de outros falecimentos, descreviam doenças em pessoas conhecidas, curas milagrosas, e disputavam para saber quem tinha sofrido mais no parto ou tomado mais pontos numa operação. Embora procurassem fazê-lo em voz baixa, o número de presentes criava um burburinho inadequado ao ambiente hospitalar.

Seu Nino estava semiconsciente e ofegante, com as maçãs do rosto afogueadas pela febre; na fronte aglomeravam-se gotículas de suor que a esposa, à cabeceira, enxugava com uma toalha branca antes que tivessem tempo de escorrer. Ao redor da cama, revezavam-se mais quatro senhoras: uma agarrada a cada mão, e outras duas massageando-lhe os pés. Nessas tarefas, em rodízio constante, a que estava encarregada de enxugar a testa em determinado momento passava a massagear-lhe um dos pés, para depois acariciar as mãos, e assim sucessivamente.

Saí do quarto e fui receitar no posto de enfermagem. Enquanto escrevia, ecoou um estrondo seco no corredor, seguido por alguns segundos de silêncio sepulcral. Parecia um tiro! A meu lado, a enfermeira se assustou. Tentei me inteirar do acontecido, mas foi impossível discernir qualquer coisa no meio de tanta gente.

Então, uma auxiliar entrou no posto e explicou que o filho do meu paciente havia dado um murro com toda a força na porta do quarto do pai; estava transtornado, deu trabalho para ser contido.

Cheguei cedo, no dia seguinte, e encontrei o corredor deserto. No quarto, seu Nino, em coma profundo, respirava em espasmos atrás da máscara de oxigênio. A filha estava em pé ao lado da cama, e o filho caçula sentado no sofá. O rapaz tinha uma tipóia em que repousava o braço direito engessado: havia fraturado três ossos da mão no soco da véspera.

Devo ter feito uma expressão de espanto ao vê-lo machucado, porque ele sorriu, tranqüilizador:

— O senhor está vendo o que o amor ao velho me fez fazer?

O sofrimento alheio

Existem limitações ao funcionamento do organismo que se instalam gradativamente como conseqüência inevitável da passagem do tempo. São imperceptíveis no dia-a-dia; só nos damos conta delas ao comparar a condição física atual com aquela do passado. Quando sentimos pena de um senhor trêmulo de andar claudicante, é porque imaginamos as agruras da vida nessa situação e rezamos para que o futuro seja mais condescendente conosco e com as pessoas que amamos. Por mais que nos custe admitir, sabemos que o vigor físico é uma dádiva aleatória atribuída pela natureza em consignação confiscável sem aviso prévio.

É por ter consciência dessa fragilidade da condição humana que ficamos desolados ao ver pessoas com deformidades anatômicas ou comprometimento mental e, tantas vezes, desencorajados de visitar amigos com doenças graves ou de dar mais atenção a doentes que evoluem mal. Ao fechar os olhos diante da perda da integridade física do outro, procuramos afastar de nós o desconforto da lembrança de nossa própria efemeridade.

Entretanto, ao imaginar nos passos hesitantes do senhor de idade a dor que sentiríamos em situação idêntica, fazemos a transferência inadvertida de nossa condição para a dele, sem levar em conta que esta resulta de longo processo adaptativo e que a flexibilidade de adaptação a novas circunstâncias é a virtude mais surpreendente dos seres vivos, como afirmou Charles Darwin.

No exercício da profissão custou-me compreender que a intensidade do sofrimento alheio pouco tem a ver com a idéia que fazemos dele. O entendimento começou a surgir quando eu já trabalhava em oncologia havia dez anos e assisti a uma palestra de um pediatra americano iniciada pela projeção de um diapositivo: "For a child is normal to be sick".

No primeiro instante, considerei a palavra *normal* conceitualmente imprópria, mas refleti melhor. Lembrei da aparente tranqüilidade das crianças pequenas, no hospital, ao esticar o braço magrinho para a enfermeira pegar-lhes a veia e da paciência com que passavam horas com o soro gotejando, quietinhas, muitas vezes brincando até. Para elas, estar com câncer parecia natural de fato, e tomar soro no ambulatório, um evento como ir à escola ou escovar os dentes. Para mim, pai de duas meninas pequenas na época, que inadvertidamente projetava nelas o suposto martírio daqueles meninos e meninas, o contato era tão doído que eu evitava cruzar meu olhar com o deles nos corredores e durante as discussões de casos à beira do leito.

Os pediatras do hospital, ao contrário, passavam a vida entre os mesmos pacientes e, embora sofressem, lógico, diziam-se, e pareciam, realizados com o trabalho. Por medo da dor, ao evitar contato com as crianças, eu me privava das alegrias sentidas por meus colegas.

Pouco depois, recebi no Hospital do Câncer um menino de sete anos portador de uma forma de leucemia aguda curável em menos de trinta por cento dos casos naqueles anos 70, encaminhado para testes imunológicos com reagentes que deviam ser injetados sob a pele. Apliquei-lhe seis dessas injeções intradérmicas no antebraço sem que o menino esboçasse a mínima reação. Quando terminei, ele sorriu e disse: "Muito obrigado, doutor".

Fiquei tão comovido que, para segurar o choro, corri os olhos pela sala à procura de algum presente, mas não encontrei. Pedi, então, que ele esperasse, e fui até o carro buscar uma bola vermelha que as meninas tinham esquecido no banco de trás. Quando voltei, o menino pôs a bola no colo e apoiou o queixo sobre ela, com os olhinhos alegres. A mãe colocou-lhe um bonezinho na cabeça pelada e sorriu, agradecida.

Era uma mulher de quarenta anos, se tanto, roupas escuras, gestos calmos, sempre com o menino pela mão. A luta contra a enfermidade do filho havia impregnado suas feições de um misto de resignação e sabedoria. Durante doze anos de casamento fizera de tudo para engravidar; quando, finalmente, desistiu, concebeu essa criança que só felicidade trouxe a ela e ao marido bancário até o dia em que teve um sangramento nasal na festa de aniversário do vizinho, primeira manifestação da leucemia aguda.

Para tratá-lo melhor, venderam o sobrado no bairro do Tucuruvi, aplicaram o dinheiro na caderneta de poupança, para as despesas extras, e alugaram um apartamento de dois quartos na Liberdade, a três quarteirões do hospital.

Depois do episódio da bola, sempre que nos encontrávamos nos corredores, trocávamos algumas palavras sobre a saúde do menino e eu fazia alguma brincadeira com ele. Então, viajei por conta de um estágio de um mês num hospital do Texas e, na volta, trouxe de presente um ursinho de corda que tocava um tambor infernal. Cheguei tarde com o brinquedo, no entanto.

Menos de um ano depois, parei o carro num sinal vermelho na praça da Liberdade. O asfalto estava molhado, e o dia escuro. Uma senhora de cabelos brancos com uma sacola, o guarda-chuva fechado e os olhos fixos no chão atravessou na faixa, bem na minha frente. Era a mãe do menino! Quase não a reconheci, parecia tão mais velha.

Muito distintas das modificações graduais impostas pela passagem dos anos, as quais oferecem ampla oportunidade de adaptação, são as que ocorrem abruptamente, dando a impressão de que a vida nunca mais terá a qualidade de antes. Pior, pode estar próxima do fim.

Tive um doente que veio tranqüilo para a revisão de rotina trazendo um raio X de tórax. Coloquei as radiografias no aparelho e notei pelo menos três nódulos nos pulmões, sinal de que a doença se espalhava pelo organismo. Meses depois, ao recordar o episódio, ele disse:

— Naquela tarde levantei desta cadeira outra criatura. Já apertei o botão do elevador de um jeito diferente. Meu carro não era o mesmo, nem as ruas, nem minha casa, nem minha mulher e meus filhos.

Ao dar a notícia da existência de uma doença ameaçadora, testemunhei as mais desencontradas reações: da revolta expressa à surpresa atônita, ao mutismo e à aceitação passiva; do choro convulsivo ao riso espástico.

Durante muitos anos me deixei contaminar de tal forma pelas reações dos doentes no contato inicial com a adversidade suprema, que me sentia imobilizado emocionalmente, incapaz de dar-lhes o que esperariam de um médico nessa hora. O desespero que eu imaginava dominá-los reverberava dentro de mim tão descontroladamente, que era preciso lutar comigo mesmo para não abreviar a conversa e sair de perto.

No entanto, não era raro o doente voltar no dia seguinte num estado de espírito oposto ao do dia anterior, esperançoso, decidido a lutar contra a ameaça que o assustara tanto. Nessas oportunidades, muitas vezes fiquei com a impressão de que era o paciente que me consolava.

Uma das lições que aprendi com a maturidade profissional foi não me deixar paralisar pela angústia que o contato com a dor do outro provoca. Para ajudar quem está amedrontado pela possibilidade de perder algo tão valioso como a própria vida, o pior interlocutor que pode existir é alguém condoído a ponto de entrar em pânico.

A esse respeito, valeu-me o conselho de um médico mais velho:

— Vocês, mais moços, não podem ver lágrimas nos olhos dos doentes. Dão as piores notícias e querem vê-los reagir com alegria, como se nada houvesse. Deixa chorar, que mal existe? O choro é uma reação exclusiva do cérebro humano, fundamental para descarregar tensões emocionais, acalmar e trazer sabedoria ao espírito para aceitar a realidade.

Atendi uma mulher extrovertida que havia sido operada de uma lesão na perna direita cinco anos antes. Trazia os exames, radiante, na véspera de embarcar para Londres a fim de acompanhar o parto da filha mais velha. Vivia a dupla felicidade de ser avó e sair do Brasil pela primeira vez, depois de trinta e cinco anos de dedicação ao lar.

Falava tanto da alegria de rever a filha e do nascimento do primeiro neto que, para conseguir auscultar os pulmões, foi preciso pedir duas ou três vezes que ficasse quieta e respirasse fundo. Quando palpei a região inguinal direita, notei uma íngua dura feito bola de gude, sinal inconfundível de que o tumor da perna agora estava ali. Falando com orgulho da carreira universitária da filha, ela demorou a se dar conta do tempo que passei examinando a área:

— O que foi, doutor, encontrou alguma coisa aí?

Quando o médico detecta um indício de que a doença se agravou, antes que o doente suspeite, experimenta instantes de solidão extrema. Qual o melhor caminho para explicar o que está acontecendo? A íngua apontava não só a necessidade de uma cirurgia que a impediria de assistir ao nascimento do neto, como a possibilidade de surgirem complicações mais sérias no futuro. Nessas ocasiões, como imagens de filmes já vistos, vem à memória uma sucessão de casos semelhantes que formam a massa crítica do que se convencionou chamar de experiência clínica. Impossível não pensar neles, nos acertos, nos erros cometidos e nas angústias por vir.

Trata-se de uma das situações mais difíceis da prática da cancerologia, porque, apesar da insegurança e do medo que trazem tais visões, é preciso voltar os olhos para a pessoa alheia à realidade, explicar a natureza do achado e demonstrar que estamos tranqüilos, esperançosos e em condições de sugerir a melhor solução para o caso, a despeito de estarmos pessimistas, assustados ou inseguros.

— A senhora está com um gânglio na virilha que precisa ser operado nos próximos dias.

— Como assim?

— É uma complicação do tumor da perna.

— Não vou poder viajar?

— Seria muito perigoso perder tempo.

Baixou uma nuvem de tristeza em seus olhos, e as lágrimas escorreram em seguida. Deitada, ouviu minhas explicações sem fazer perguntas. Depois, levantou-se da mesa de exame, enxugou o rosto com um lencinho, pegou a bolsa, pôs os óculos e foi para casa.

A cirurgia aconteceu três dias mais tarde. Nem bem voltou da anestesia, ligou sorridente para contar à filha o sucesso da operação e dizer que estava muito feliz. Havia perdido o nascimento do neto, mas não faltaria ao batizado, programado durante o telefonema para dali a quatro meses.

Anos antes, no ambulatório do Memorial Hospital, em Nova York, presenciei um diálogo entre um médico de quase dois metros de altura, cabelo repartido no meio e óculos que cobriam metade do rosto, e uma paciente com um tumor de ovário que se disseminara pelo abdômen, debilitada pelas sucessivas recaídas e efeitos colaterais do tratamento interminável. Faltavam dez dias para o Dia de Ação de Graças, sagrado para a família americana, e ela queria permissão para adiar por uma semana o ciclo de quimioterapia previsto para dois dias antes da data festiva. Se recebesse o tratamento, não teria condições físicas para a viagem ao Arizona, onde moravam a filha única e a netinha.

Sem parar um instante de escrever no prontuário, ele respondeu:

— O ciclo deve ser repetido a cada vinte e um dias. O intervalo é baseado no comportamento biológico do tumor, é a senhora que deve se adaptar a ele, e não o contrário.

Não havia justificativa técnica para tamanha rigidez diante daquela doença avançada. Que diferença faria uma semana a mais ou a menos de intervalo se o tratamento era apenas paliativo?

A frustração tomou conta do rosto da senhora. Os lábios se contraíram, mas não disseram nada. Não chegou a chorar, embora desse a impressão de que iria fazê-lo. Depois, suspirou, conformada:

— Está bem, o ano que vem eu vou.

Ainda sem desviar os olhos do prontuário, o médico respondeu num inglês pausado:

— Menos de dez por cento das pacientes no estágio da doença em que a senhora se encontra sobrevivem um ano.

Seu Raimundo

Seu Raimundo teve uma convulsão na frente da TV e perdeu os sentidos. A esposa ligou para o bip, tão assustada que mal podia falar. Quando Narciso, meu companheiro de consultório há quase trinta anos, chegou, encontrou-o caído entre o sofá e a mesa de jantar da sala espremida. Respirava com dificuldade, mas o coração batia forte.

Com a ajuda de um vizinho, sentaram o doente numa cadeira e o carregaram escada abaixo até o carro do Narciso, parado na porta. Nos anos 70, era muito difícil conseguir ambulância para esse tipo de emergência na periferia de São Paulo. O doente chegou quase morto no hospital, precisou ser levado às pressas para a UTI, com o aparelho portátil de oxigênio.

Seu Raimundo era nosso paciente no ambulatório do Hospital do Câncer. Havia sido operado de um tumor de pele que depois de quatro anos se espalhou por diversos órgãos, atingindo inclusive o cérebro. O sangramento repentino de uma das metástases cerebrais fora o incidente responsável pela convulsão daquela noite.

De sua vida, conheci pouco; soube que trabalhou na enxada até os catorze anos, no interior do Piauí, e depois veio para Santo André, ficar na casa de um tio que lhe arranjou emprego de metalúrgico, profissão que exerceu exemplarmente na mesma empresa até a aposentadoria. Era casado com dona Rinalda, tinha duas filhas, netos, casa própria e um Fusca reluzente que ele mesmo consertava nos fins de semana.

Homem de personalidade conservadora, reservado, vinha para as consultas em companhia da esposa, que o aguardava na sala de espera. Usava calça com vinco, sapatos caprichosamente engraxados e um paletó marrom, antigo.

Passado um ano da cirurgia, entretanto, sua aparência mudou: substituiu as camisas lisas por outras, estampadas, vestia calças novas e aposentou o paletó marrom. Quando tomei a liberdade de perguntar a razão da elegância, respondeu, sério:

— Estou na contravenção, doutor!

Contou que depois da operação havia sido aposentado na fábrica. Habituado à vida ativa, saiu desesperado atrás de trabalho, busca infrutífera para metalúrgicos com mais de cinqüenta anos. Em casa, foi invadido pela tristeza que a sensação de inutilidade provoca em homens com o temperamento dele.

A vida só recuperou a graça quando um amigo lhe ofereceu um lugar de apontador de jogo do bicho; serviço leve, receber apostas e repassá-las no fim do dia para o bicheiro em troca de uma comissão de vinte por cento.

No princípio, hesitou. Não que o incomodasse a natureza do trabalho, nada tinha contra esse tipo de contravenção, até arriscava um palpite de vez em quando perto da fábrica; sua implicância era com o local de recolhimento das apostas: um bar de esquina. Logo ele, que se orgulhava de jamais ter posto os pés num botequim.

A resistência de sua rigidez moral só foi vencida quando o amigo argumentou que o caráter de um homem não pode depender do local onde ele ganha a vida.

Os proventos arrecadados com o jogo, somados à aposentadoria, possibilitaram um padrão de vida desconhecido pelo casal. Trocaram os eletrodomésticos, o Fusca, e renovaram as roupas, além de ajudar as filhas a ampliar as casas.

A serenidade que o equilíbrio financeiro proporciona, no entanto, encontrou um desses obstáculos difíceis de transpor na vida conjugal: dona Rinalda era evangélica, temente a Deus, e, em dúvida sobre a lisura da nova atividade do esposo, foi ouvir a opinião do pastor.

O religioso disse que o jogo era invenção de Satanás, pecado mortal, armadilha criada pelo Senhor das Trevas para roubar à alma humana a ventura de no porvir desfrutar as delícias do paraíso. Deus, em sua infinita bondade, tinha reservado as profundezas do inferno para receber homens como seu Raimundo, atolados no vício.

Dona Rinalda quis morrer de infelicidade: de que adiantava ela, serva piedosa, ir para o céu, e o companheiro da vida inteira arder no fogo eterno?

Na ânsia de salvar a alma do esposo querido, abandonou a postura submissa de tantos anos e decidiu conduzi-lo à presença do pastor. Apartado das atividades religiosas desde os tempos do Piauí, seu Raimundo disse que não iria de jeito nenhum; respeitava a religião e os religiosos, mas não precisava de intermediários entre Deus e ele. Com a insistência da mulher, ficou bravo, ameaçou até sair para a rua quando a conversa recomeçasse. Ela, irredutível, todo dia voltava à mesma ladainha.

Depois de duas semanas de relacionamento tenso, seu Raimundo experimentou os limites da persistência feminina: dona Rinalda caiu de cama! A vida para ela havia perdido o sentido; não se alimentava, nem falava com ninguém.

Ele resistiu dois dias, enfezado. No terceiro, voz mansa, prometeu ir ao culto com a condição de que ela voltasse a comer e acabasse com aquela bobagem.

Homem de palavra, sábado à noite saiu sisudo, de paletó e camisa abotoada, com a esposa exultante, de salto, a caminho do culto.

Era noite de testemunho. O pastor, inflamado, leu uma passagem bíblica interminável, e uma senhora em pé, no fundo, recitou uma oração que ecoou em coro pela igreja lotada. Entre os fiéis, seu Raimundo lembrou das missas da infância no Piauí, cercado pelos homens de chapéu na mão e mulheres de véu escuro, e se comoveu com aquela demonstração coletiva de religiosidade.

Quando a reza terminou, vieram os testemunhos. A primeira a falar foi uma mulher que abandonara o marido trabalhador por uma vida de luxúria. Descreveu suas noites nas boates, com roupas escandalosas e os homens aos pés. Obcecada pelos bens materiais, chegou ao fundo do poço. O encontro com a Igreja salvou-a, afinal; tinha voltado para a família e construído um ninho para Deus no coração. O segundo era ex-usuário de drogas. Em busca da felicidade ilusória, havia destruído a vida dos pais e irmãos; chegara a perambular feito mendigo pela Estação da Luz e a dormir em soleira de porta. Estaria morto àquela altura se Jesus não houvesse operado em seu espírito. Em seguida, veio um rapaz delicado que confessou ter sido garoto de programa e feito sexo ao vivo em show de inferninho gay na rua General Jardim. O quarto foi o testemunho de um alcoólatra regenerado que antes, sob o efeito da bebida, batia na mulher e trancava os filhos no quarto escuro. Como os anteriores, também não estaria ali caso Deus não tivesse se materializado na pessoa do pastor para recolhê-lo da sarjeta.

Quando um ex-presidiário, assaltante arrependido, começou o último testemunho da noite, seu Raimundo levantou e saiu.

A mulher alcançou-o no caminho:

— Por que você veio embora?

— Sou homem de respeito, e ali só tem ladrão, veado, mulher da vida e bêbado. Só porque recolho jogo do bicho sou obrigado a me misturar com gente que não presta?

Lembrei dessa história, que seu Raimundo havia contado meses antes, em tom sério, no ambulatório, quando parei diante de seu leito na UTI, na manhã seguinte à internação. Ele estava coberto com um lençol que deixava de fora os braços fortes e parte do peito nu; dois esparadrapos estreitos mantinham-lhe as pálpebras cerradas e um tubo curvo na boca impedia que mordesse a língua. No alto, um monitor desenhava o eletrocardiograma verde.

O sangramento cerebral tinha sido extenso. Embora os sinais vitais estivessem pouco alterados e ele ainda respirasse, o eletroencefalograma já não evidenciava atividade elétrica; tecnicamente, seu Raimundo achava-se em estado vegetativo. Essas situações podem se prolongar por dias seguidos, com o doente descerebrado, sem possibilidade alguma de recuperar a consciência.

Não foi o que se passou com ele. Durante o exame clínico, notei que os movimentos respiratórios se tornaram quase imperceptíveis. Puxei uma cadeira e fiquei atento ao traçado dos batimentos cardíacos na tela do monitor. Em poucos minutos, o tórax de seu Raimundo fez um movimento inspiratório mais curto e parou.

Meu primeiro impulso foi sair dali, tinha outros doentes para atender. Só não o fiz por causa do "pim" do monitor a cada sístole cardíaca. Abandoná-lo com o coração ainda batendo?

Disparei o cronômetro do meu relógio e concentrei a atenção no monitor, onde a vida ensaiava seus passos finais, sinuosos. Calculei que em cinco minutos, no máximo, o coração deveria parar. No leito ao lado, uma enfermeira insistia com um paciente operado do pulmão para tossir mais forte.

Passaram-se os cinco minutos, e o coração resistiu, pulsátil, em ritmo teimosamente regular. Fiquei surpreso, não sabia que o músculo cardíaco era tão resistente à falta de oxigênio.

O relógio marcou dez minutos. Em volta, a UTI em silêncio, quebrado em intervalos periódicos pela tosse tímida do doente ao lado e pelas palavras de estímulo da enfermeira. As batidas continuavam, na mesma amplitude, apenas mais espaçadas. Comecei a sentir um desconforto indefinido, conseqüência da ignorância de um fenômeno biológico daquela magnitude: como eu, mais de dez anos depois de formado, não tinha noção de que um coração podia bater dez minutos em anóxia? Por que nunca li descrição desse fenômeno nos livros de medicina?

O instante da morte tantas vezes representado no cinema e na literatura pelo suspiro derradeiro perdeu o significado para mim naquela hora. A morte é um processo resultante de uma cadeia de eventos mal conhecidos, de início incerto e duração imprevisível.

Na prática, para atestá-la, somos obrigados a adotar critérios baseados numa hierarquia de valores estabelecida arbitrariamente entre os diferentes tecidos, na qual o sistema nervoso central assume o comando absoluto da condição humana. Ao desaparecer a função neurológica, consideramos que o resto do organismo deixa de existir, mesmo que o sangue ainda circule e mantenha vivas as demais células do corpo.

Lembrei da expressão grave de seu Raimundo ao contar a história da noite de testemunho na igreja e senti saudades antecipadas dele.

O coração levou vinte e sete minutos e doze segundos até parar de bater.

Dr. Sérgio

Dr. Sérgio vinha para as consultas de gravata, terno cinza, semblante carregado, e trazia um livro de engenharia para ler na sala de espera. Era de poucas palavras, dona Margareth falava pelos dois.

Um dia, ele me contou que a havia conhecido quando eram jovens num clube tradicional fundado por bisavós dela, no qual ele havia sido admitido como sócio militante do departamento de voleibol. Descendentes de cafeicultores paulistas, os pais — nessa época com menos posses do que relações sociais — sonhavam com um rapaz de família ilustre para a filha única, e não viram com bons olhos o namoro com aquele estudante de engenharia tímido e pobretão. Só se conformaram com o casamento diante da insistência voluntariosa da moça.

A resistência dos sogros foi insensível às virtudes do rapaz. Mesmo depois que uma sucessão de negócios mal planejados os tornou dependentes do genro competente e trabalhador, eles ainda o olhavam com superioridade.

Quando o sogro morreu, a sogra se instalou na residência do casal. A dependência financeira, a obesidade e a artrite reumatóide não abalaram a soberba da velha senhora. De bengala pela casa, era ela a rainha do lar; dr. Sérgio, o súdito encarregado de prover às necessidades familiares.

Com o tempo, o desprezo calado dos pais contaminou o espírito da filha. Não que dona Margareth desrespeitasse o marido: educada para o casamento como aspiração máxima da condição feminina, ela nem sequer imaginava vida diferente, mas mantinha com ele a cordialidade apática das mulheres resignadas ao destino adverso.

O casal teve dois filhos, que aos trinta anos não ganhavam para seu próprio sustento. Influenciados pela delicadeza hostil da mãe e pela postura depreciativa dos avós, os rapazes cresceram indiferentes à figura paterna. O pai era o engenheiro honesto, mantenedor; fora isso, nada que fizesse ou dissesse parecia interessar-lhes.

Na manhã do domingo em que completou sessenta anos, dr. Sérgio percebeu, ao puxar a descarga, que havia sangue no vaso. Trinta dias depois foi operado de um tumor no reto. Quando voltou da anestesia, soube que a cirurgiã tinha feito a amputação do reto e uma colostomia definitiva: passaria o resto da vida com o intestino exteriorizado num orifício aberto na parede abdominal.

Recebeu a notícia em silêncio absoluto. Pediu apenas que proibissem visitas. Recatado, cuidadoso com o corpo desde criança, no primeiro instante pensou seriamente em dar cabo de tudo, mas não o fez. A profissão o havia acostumado à racionalidade.

Na primeira consulta, apertou-me a mão com timidez. Seu rosto era a imagem da depressão. Nem bem começou a contar a história da enfermidade, transferiu de bom grado a incumbência à esposa, que o havia interrompido por um pormenor irrelevante. Dona Margareth não se fez de rogada, assumindo a responsabilidade do relato em seus mínimos detalhes. Enquanto ela falava, o olhar do marido fugia seguidamente na direção da janela.

Seis meses depois, numa consulta marcada em nome dele, a esposa veio sozinha. Esperava de mim alguma providência urgente, a família não agüentava mais seu estado depressivo. Com medo de um desatino, tinham até escondido as facas grandes da cozinha.

Contou que, logo depois da operação, dr. Sérgio havia pedido para dormir sozinho no quarto em cima da garagem; não queria incomodar ninguém nas noites de insônia. Em seguida, solicitou a aposentadoria como livre-docente na universidade e transferiu as atividades profissionais do escritório para o mesmo quarto dos fundos, onde passava os dias debruçado sobre livros técnicos e projetos de grandes estruturas, sua especialidade. Não saía, nem recebia visitas; parou até de descer para as refeições com a família.

Acompanhei durante anos a evolução de dr. Sérgio, chegando ao consultório de terno cinza, com a esposa de cabelo armado pronta para interrompê-lo e discordar de qualquer observação mais otimista que ele ousasse fazer a respeito da própria saúde:

— Diz que está bem, aqui, para o senhor! Em casa é o dia inteiro mudo, entre quatro paredes. Alguém consegue sarar assim?

Quando as revisões médicas já eram mais espaçadas, foi a vez de ele vir sozinho à consulta. Não usava o terno cinza nem gravata; vestia camisa azul-clara e malha amarela, sua expressão estava descontraída, e os olhos tinham um frescor juvenil. Não parecia a mesma pessoa.

No final do exame, disse-lhe que nunca o vira tão bem e perguntei a que se devia aquela mudança. Sorriu, envergonhado como um adolescente:

— Ao amor!

Tinha se separado de dona Margareth e estava vivendo com outra pessoa.

Seis meses antes, ele voltara à cirurgiã para uma revisão. Na sala de espera, havia uma mulher de cinqüenta anos que sorriu quando os dois estenderam a mão simultaneamente para alcançar a mesma revista.

Dr. Sérgio disse que foi o sorriso feminino mais encantador já dirigido a ele. Uma alegria instantânea ressuscitou em seu espírito. Na conversa que se seguiu, soube que ela era advogada, viúva, e que ambos haviam sido operados na mesma semana, pela mesma médica. E, o mais inacreditável, disse ele:

— A mesma cirurgia, doutor!

Sabedoria oriental

Ainda hoje, os sobreviventes da bomba atômica de Hiroshima são submetidos a exames anuais para analisar os efeitos tardios da irradiação. Para os que deixaram de residir na cidade, o governo japonês cobre as despesas de traslado e estadia. É o caso de dona Satiko, mãe da dra. Helena Morioka, companheira de trabalho no Hospital do Câncer na década de 80.

Em 1988, quando faria uma dessas viagens com a mãe e uma prima, Helena convidou a mim e ao Rafael Possik, cirurgião oncologista, amigo e colega de turma desde o cursinho — e mais tarde colega de consultório —, para acompanhá-las, com o objetivo de visitarmos o Instituto Nacional do Câncer, em Tóquio, e a Universidade de Hiroshima.

Fomos, espremidos na classe turística de um vôo interminável. Na primeira refeição servida, Rafael pediu minha sobremesa. Cedi-a de bom grado, mesmo porque tinha perdido o hábito de comer açúcar havia muitos anos. No café-da-manhã seguinte, a solicitação se repetiu. No almoço, ele nem sequer se deu o trabalho de pedir; simplesmente retirou o pudim de caramelo de minha bandeja.

Esperei-o terminar a guloseima para perguntar se estava saborosa:

— Mais ou menos — respondeu.

— Que pena — disse eu —, porque foi o último doce que você comeu até voltarmos para o Brasil. Na faculdade você era magrinho, jogava no time de futebol, agora pesa vinte quilos a mais. Chega! Doce, só se for escondido de mim.

Sob minha perseguição implacável, nas três semanas de viagem o pobre Rafael perdeu oito quilos. O único chocolate que conseguiu comer foi numa ocasião em que fingiu perder-se numa rua movimentada do centro de Tóquio.

Passamos duas semanas em visita ao Grupo de Câncer Gástrico, no Instituto Nacional do Câncer. Os japoneses são donos da maior experiência mundial no tratamento dos tumores de estômago, doença de prevalência tão alta entre eles que constitui problema de saúde pública. Admirou-me a organização do atendimento; o respeito à comodidade dos pacientes e de seus acompanhantes nas salas de espera; a limpeza; a civilidade das pessoas, que nos dias de chuva, antes de entrar no hospital, invariavelmente tiravam um saco plástico do bolso para encapar o guarda-chuva; o silêncio dos doentes ao receber orientações médicas, e a hierarquia rígida existente entre os profissionais.

Numa visita à enfermaria, perguntei a um dos colegas ao redor do leito, um médico de pelo menos sessenta anos, por que haviam indicado determinada operação no caso que o chefe do grupo discutia. Ele respondeu em voz baixa:

— O senhor precisa perguntar ao professor, eu ainda sou muito novo.

Em Hiroshima ficamos hospedados na casa da avó de Helena, que morava a trinta quilômetros do centro com a irmã de mais de setenta anos, lépida em sua bicicleta para cima e para baixo. Quando Rafael pediu a Helena que traduzisse para a tia-avó nosso espanto com essa habilidade, a senhora respondeu, naturalmente:

— Eu aprendi criança e nunca mais deixei de andar.

Num fim de tarde, Rafael e eu, no caminho de volta do hospital para casa, encontramos essa senhora com as compras de supermercado. Ao pegar as sacolas de suas mãos, notamos nela um desconforto que não soubemos interpretar. Quando chegamos, ela se queixou à sobrinha:

— O que os vizinhos vão pensar, vendo dois moços estrangeiros com as sacolas, e eu de mãos abanando?

Ver as fotografias de Hiroshima arrasada pela bomba, pedra sobre pedra, e a cidade moderna de hoje — com exceção de algumas ruínas preservadas — dá a medida da capacidade de união dos seres humanos em torno de um objetivo comum nos momentos de ameaça à sobrevivência.

As duas senhoras que nos hospedavam contaram que, na manhã do dia 6 de agosto de 1945, cuidavam da horta quando ouviram uma explosão ensurdecedora, seguida de um cogumelo de fumaça escura que subiu muito alto. O avô de Helena saiu da casa e ficou assustado com o que viu. "Que bomba forte!", exclamou, e chamou a família para dentro.

Na manhã seguinte, os filhos e a mulher quiseram acompanhar os vizinhos na ida à cidade para saber dos parentes, amigos, e avaliar a extensão da tragédia. O patriarca proibiu terminantemente a família de pôr os pés fora de casa. Decisão sábia: o calor da bomba fizera evaporar toda a água da região, formando uma imensa nuvem negra que, no outro dia, desaguou, radioativa, sobre os visitantes e as hordas de sobreviventes que perambulavam queimados, mortos de sede.

Da Universidade de Hiroshima guardei duas lembranças. Ao terminar uma palestra sobre o uso da vacina BCG no tratamento do melanoma maligno (um tumor que se inicia em pintas da pele), recebi inesperadamente um envelope com o equivalente a quinhentos dólares, quantia que trouxe alívio providencial à caixinha que Rafael e eu fizéramos para enfrentar o custo de vida exorbitante do Japão.

A segunda lembrança refere-se ao acontecido na UTI do hospital universitário. O responsável pela equipe de atendimento, curiosamente mais jovem do que a maioria dos chefes de serviço nos hospitais japoneses, num inglês fluente, denunciador da residência médica concluída nos Estados Unidos, discutia conosco a evolução dos pacientes internados quando parou ao lado de um adolescente admitido havia três semanas, no estágio final de um quadro conhecido como falência de múltiplos órgãos — situação em que o funcionamento precário dos pulmões, do coração e dos rins compromete as demais funções orgânicas.

Depois de haver perdido a única chance de entrar na universidade de seus sonhos, o rapaz tinha ingerido certo inseticida para suicidar-se. O médico explicou que o rígido sistema de ensino japonês oferecia aos estudantes apenas uma oportunidade de acesso às melhores faculdades; se não a aproveitassem, os jovens eram obrigados a se contentar com escolas que os deixariam em desvantagem profissional no futuro, frustrando, assim, as expectativas da família. O trauma causado pelas reprovações era considerado problema tão sério no país que, no dia da publicação dos resultados, a polícia punha em prática um programa especial de vigilância em pontes e edifícios altos, para evitar as freqüentes tentativas de suicídio.

O menino da UTI era o trigésimo quinto paciente com o mesmo tipo de envenenamento que o médico-chefe acompanhara. Apesar dos aparelhos de respiração artificial, das diálises para substituir os rins paralisados e das drogas vasoativas para manter a irrigação sanguínea dos órgãos nobres, os outros trinta e quatro — jovens em sua maioria — haviam morrido num período de trinta a quarenta dias.

A perda do ente querido, entretanto, era apenas parte do martírio imposto aos familiares do suicida. Como o sistema de seguridade social no Japão não cobre despesas médicas decorrentes de tentativas de suicídio, eles ficavam obrigados a contrair dívidas enormes para cobrir os custos das diárias na UTI e dos procedimentos empregados para adiar o óbito inevitável.

O médico terminou a visita explicando que a mortalidade de cem por cento provocada por esse tipo de envenenamento servira para motivá-lo a convencer as autoridades responsáveis pela saúde pública de Hiroshima a iniciar uma campanha de esclarecimento nas escolas com a seguinte mensagem: "Nós não recomendamos essa forma de suicídio".

Seu Israel

Da aldeia polonesa onde viveu até os oito anos, seu Israel disse que guardava apenas as lembranças do peso da lenha nas costas para aquecer a casa; do enterro da irmã mais nova, e de uma festa na comunidade, quando os tios dançaram ao som do trio em que seu pai tocava violino, a mais alegre das recordações. Acima do olho direito tinha uma cicatriz irregular, seqüela de uma pedra arremessada por meninos católicos que cercavam crianças judias na estação de trem a caminho da escola, para xingá-las e apedrejá-las.

Libertado pelo exército americano no final da guerra, foi até Viena num trem de carga com a idéia de emigrar para os Estados Unidos, mas as cotas de emigração tinham sido completadas. Desceu as escadas da embaixada americana desanimado, em companhia de um carpinteiro judeu que acabara de conhecer. Na rua, o carpinteiro disse ter ouvido falar que os brasileiros ainda aceitavam imigrantes, mas que não estava interessado porque o Brasil era muito longe. Sozinho no mundo, seu Israel perguntou: "Longe de onde?".

Desembarcou em Santos sem falar uma palavra de português, com o equivalente a vinte dólares escondidos na meia, uma muda de roupa e um capote inútil na malinha, além do endereço de um judeu polonês que um patrício havia lhe dado no navio. Andou quase duas horas até chegar a um pequeno armarinho. Lá, o conterrâneo disse a ele que só poderia ajudá-lo se estivesse disposto a vender mercadoria de porta em porta, pelo sistema de crediário.

Quando seu Israel me procurou no consultório, tinha mais de setenta anos, o olhar cheio de vida, a cicatriz saliente e um sotaque judaico ainda forte para quem morava no Brasil fazia mais de quarenta anos, período em que casou, teve três filhos, quatro netos, fez fortuna sólida e ficou viúvo. Havia sido operado de um tumor na perna, o qual, três anos mais tarde, se manifestava sob a forma de pequenos nódulos em ambos os pulmões.

Habituado a decidir seu destino — e muitas vezes o dos outros também —, fazia questão absoluta de estar ciente das opções de tratamento antes de se decidir por uma delas. Sentava com Fernando, Narciso e comigo para discutir o planejamento, até chegarmos à solução que mais o agradasse. Tudo acertado, o esquema seria seguido com disciplina e otimismo.

Nessas discussões a quatro, aprendemos muito sobre a função do médico moderno, a quem, ao contrário do que ocorria com os antigos, cabe não o papel de dar ordens ou impor condutas prescritas em letra ilegível, mas apresentar à pessoa doente o leque de alternativas disponíveis e as prováveis conseqüências de cada escolha, para ajudá-la a selecionar a que melhor atenda a seus interesses.

Mas não citei seu Israel para discutir relacionamentos ideais entre médicos e pacientes; contei a história dele para falar de sua relação com uma moça trinta e cinco anos mais nova, que ele namorou nos últimos dois anos de vida, contra a vontade dos filhos.

Assim que conseguiu comprar a primeira loja, seu Israel casou com uma jovem recém-chegada da Polônia. Tiveram dois filhos e duas filhas, que educaram em obediência aos princípios rígidos da tradição judaica, muito mais pela persistência da mulher do que por vontade dele, pouco afeito às práticas religiosas. Deixar a educação das crianças por conta da mãe criou embaraços na convivência com o pai: seu Israel jamais se conformou com a falta de disposição dos filhos para o trabalho. A viuvez ocorrida quando completou sessenta e oito anos só fez aumentar sua dedicação aos negócios e acentuar as divergências com os filhos.

Cinco anos depois, no entanto, quando ele já estava inteiramente conformado com a idéia de que viveria sozinho para sempre, o destino pôs em seu caminho a tal moça, representante de vendas de uma firma com a qual ele mantinha relações comerciais.

A atração pela jovem se instalou em seu espírito de forma sutil e independente de qualquer intenção. Quando tomou consciência do fato, seu Israel ficou confuso, envergonhado com aquele sentimento juvenil. Homem de negócios, acostumado a controlar as emoções, só não conseguiu manter-se fiel à atitude que julgava mais prudente por causa do olhar carinhoso dela e da doença, que a essa altura havia retornado em seus pulmões.

Seu Israel contou que se achava sozinho no escritório, num sábado bem cedo, quando ela apareceu para lhe dizer que havia notado a atração sentida por ele. Sabia da recidiva da doença e queria lhe fazer uma proposta sincera:

— Por que não começamos a namorar? Só para viver o lado bom da vida, não estou interessada em seus bens. Conhecer lugares, hotéis com escadaria de mármore, paisagens, coisas que nem o senhor nem eu tivemos oportunidade de ver. A idade não é problema, eu me sinto protegida em sua presença e encontrarei prazer a seu lado.

Mais tarde, seu Israel comentaria o acontecido com o Fernando, meu irmão:

— Sei que, se eu fosse pobre, seria diferente, mas não dá para separar o que sou daquilo que tenho. Depois de uma vida de equilíbrio e racionalidade afetiva, que diferença faz se me considerarem ridículo, na situação em que me encontro?

Era uma mulher de traços delicados, que lhe conferiam beleza do tipo que não salta à vista mas ganha realce com a observação mais cuidadosa. Discreto por natureza ao descrever atributos físicos femininos, Fernando, o primeiro de nós a conhecê-la, foi efusivo:

— A namorada do seu Israel, não dá para acreditar!

A partir do início do namoro, ao programar as sessões de quimioterapia, fomos obrigados a introduzir um novo item: os intervalos para viagens, que se realizavam a cada três ou quatro semanas, no máximo.

Enquanto a saúde de seu Israel permitiu, o casal visitou cidades européias, praias, lugares exóticos, e alugou um barco para passeio nos fins de semana. Ele vinha para as consultas queimado de sol, otimista com a evolução da enfermidade, evidentemente feliz, como reconheceu uma vez em que elogiei a elegância das roupas novas:

— Passei da idade das ilusões, mas foi a coisa mais maravilhosa que poderia me acontecer. Com minha esposa tive um relacionamento familiar cheio de problemas e seriedade; quando os filhos eram pequenos, quase nunca saíamos sozinhos; depois, vieram os netos. Ela, sempre preocupada, dedicada ao lar e à religião, eu, ao trabalho. Precisei ficar velho e com uma doença que não perdoa para descobrir o prazer de viajar ao lado de uma mulher bonita, sincera, bem-humorada.

A doença progrediu lentamente. Quando a debilidade física se acentuou e seu Israel ficou impossibilitado de trabalhar, quem cuidou dele foi a companheira. Só se afastava quando os filhos vinham visitá-lo. Nem bem tomavam o elevador, ela já estava de volta.

Duas semanas antes de falecer, seu Israel estava deitado, abraçado com a namorada, quando a neta de quinze anos chegou sem avisar. No sábado seguinte, durante o almoço com a família, a filha mais velha, mãe da menina que entrara no quarto, não se conteve:

— Papai, até aqui nós silenciamos sobre seu relacionamento com essa moça, que tem idade para ser sua filha. Mas as coisas passaram dos limites, ela agora vem aqui e deita em sua cama. O senhor acha bonito o exemplo que está dando para os netos?

Seu Israel disse ter respondido com tanta calma que ele mesmo ficou surpreso:

— Minha filha, seu pai, aos sete anos, andava cinco quilômetros a vinte graus abaixo de zero para chegar na escola. Passei três anos em campo de concentração e sobrevivi. Enquanto a mãe de vocês viveu, não tive outra; trabalhei sem parar, deixei ricos vocês, meus netos e até os bisnetos, se não forem vagabundos. Se esse exemplo diário de persistência não serviu sequer para que meus filhos adquirissem gosto pelo trabalho, você acha que minha neta vai ficar traumatizada só porque viu uma vez o avô, no finzinho da vida, abraçado na cama com uma mulher carinhosa?

De seu Israel, guardo a imagem derradeira, talvez não muito diferente daquela que sua neta viu. Foi ao raiar do último dia da vida dele, no quarto do hospital, quando o encontrei adormecido, de pijama branco, recostado na poltrona, com as pernas apoiadas num banquinho estofado, respirando com a ajuda de uma máscara de oxigênio. No sofá ao lado, deitada de bruços, dormia a namorada, com a mão esquerda agarrada à dele.

Seu João

Seu João me criava o problema de atrasar as demais consultas quando ia sozinho ao consultório. Não que falasse muito (era um tipo reservado), nem que seu estado de saúde exigisse (a evolução da enfermidade era lenta), mas porque eu gostava de ouvi-lo. Tinha estatura baixa, rosto redondo, barba cerrada, um jeito caipira cativante de contar casos, e uma visão prática do mundo que lhe permitia ir com naturalidade à essência das questões, a partir de detalhes irrelevantes.

Uma vez disse, para justificar o hábito antigo de ver TV até altas horas:

— Há coisas que encantam o olhar do homem: montanha ao longe, fogo crepitante, água corrente, tela de televisão.

Quando a esposa vinha com ele, estranhamente seu João se transformava noutro homem; a consulta se restringia às queixas, ao exame clínico e às recomendações habituais. Era notável o desconforto que a presença dela lhe trazia.

No final de uma dessas visitas, ela sugeriu que eu receitasse um antidepressivo ao marido:

— Há seis meses, desde que tomou conhecimento da doença, o comportamento dele mudou da água para o vinho. Passa o dia com os papéis na escrivaninha do quarto, sem trocar uma palavra comigo; à noite, passeia pelos canais de televisão com o controle remoto, sozinho, no escuro. Se vai ao banco ou vai buscar a neta na escola, só percebo quando escuto a porta bater. Pergunto qualquer coisa, ele responde sim ou não, e mais nada! Coisa mais rara é dizer uma frase com sujeito e predicado.

— Não é caso para antidepressivo, doutor — disse ele, quando a mulher terminou.

Na consulta seguinte voltou só. Perguntei se era verdade que seu comportamento se modificara tão radicalmente. Respondeu que sim. Antes conseguia manter com a esposa um relacionamento cordial; conversavam, iam ao cinema e visitavam o filho e a nora para ver a neta, a paixão da vida dos avós. Dormiam e assistiam à TV em quartos separados, porque ele não tinha paciência com as novelas e, além disso, era notívago. Com a doença, entretanto, tudo havia mudado:

— Quando descobri que tinha câncer, peguei uma antipatia por ela que o senhor não pode imaginar. Só de ouvir a voz, já fico irritado!

Seu João contou que seus pais brigavam constantemente; as recordações da infância eram povoadas pela imagem do cenho carregado do pai e das lágrimas disfarçadas da mãe. Namorou várias moças, até encontrar uma com quem achou possível formar uma parceria harmoniosa e duradoura. Os primeiros quatro anos de convivência demonstraram a sabedoria da escolha; respeitavam-se, davam-se bem sexualmente, e gostavam de ir ao cinema e sair para dançar com os amigos. Quando o filho nasceu, seu João chorou de alegria e considerou realizado seu sonho de felicidade: a mulher amada, o primeiro filho e uma carreira promissora na empresa.

Na véspera do segundo aniversário do menino, seu João resolveu sair mais cedo do escritório para ajudar nos preparativos da festa. Encontrou a casa em silêncio. O menino dormia no berço, e a porta do quarto do casal estava fechada. Pé ante pé para não perturbar o sono do filho nem incomodar a esposa cansada, afrouxou a gravata, tirou os sapatos e encostou-se no sofá da sala, com o jornal.

Não sabe quanto tempo cochilou até acordar com os gemidos que vinham do quarto. Nos minutos que levou para se convencer da realidade, reconheceu a voz da mulher e a do melhor amigo dele.

Calçou os sapatos e saiu sem fazer barulho. Andou pela cidade das quatro da tarde até o dia clarear. Quando voltou, encontrou a esposa, o cunhado e os sogros assustados; até no necrotério o tinham procurado. Não se justificou; limitou-se a pedir que não fizessem perguntas:

— Já chega o que passei!

Ao ficar a sós com a mulher, não foi preciso dar explicações. Ela caiu num choro convulsivo, pediu perdão pelo ato impensado e jurou fidelidade eterna; não podiam virar as costas a tudo o que haviam construído, por causa de um momento de fraqueza que não se repetiria jamais.

Continuaram casados, e nunca mais trocaram uma frase sobre o episódio. Com o tempo, as lembranças daquela tarde no sofá perderam a nitidez, e o relacionamento do casal voltou à normalidade cotidiana, mas num nível de felicidade bem inferior, segundo ele.

No dia em que recebeu do médico a notícia de que era portador de uma doença incurável, seu João entrou em casa e encontrou a esposa assistindo à TV, com o bordado no colo. Naquele instante, estranhamente, a recordação da mulher com o amante ressurgiu com força:

— Contra minha vontade, caiu uma cortina pesada entre mim e ela. Sem querer, fiquei arrependido de ter suportado humilhação tão grande por tanto tempo.

— O senhor não consegue esquecer? Que importância pode ter nessa altura da vida um fato ocorrido há tantos anos?

— Não deveria ter nenhuma, mas a única coisa em que consigo pensar desde que soube do diagnóstico é: por que não fui embora naquele dia, há trinta e cinco anos atrás?

— E por que o senhor não vai agora?

— É tarde. É como naquele filme: o trem para Berlim já passou.

Fernando

Desde que me lembro, meu irmão dois anos mais novo já morava com nossos avós maternos, a duas quadras da casa onde eu vivia com nossos pais e nossa irmã mais velha. Depois do nascimento dele, minha mãe desenvolvera miastenia grave — doença rara, mal conhecida na época, que enfraquece progressivamente a musculatura — e não tinha condições para cuidar do menino.

Enquanto ela pôde andar, íamos visitá-lo toda tarde. Subíamos os degraus do sobrado devagarzinho, depois mamãe sentava na cadeira de balanço em que vovô costumava ler o jornal, e descansava com o filho pequeno no colo. Guardo a imagem dessa cena familiar como uma foto esmaecida: minha mãe feliz na cadeira com o menino, nossa irmã Maria Helena ao lado, insistindo para pegá-lo, os avós em volta, e tio Durval, homem-feito, coluna arqueada, encerrado para sempre no universo imaginário de uma criança de cinco anos, risonho e atento aos menores gestos do sobrinho adorado.

Minha mãe mal havia completado trinta e dois anos quando faleceu. Foi meu primeiro encontro com a morte. No livro *Nas ruas do Brás*, escrito para crianças, descrevi assim as lembranças de seus últimos dias:

De fato, as forças abandonavam o corpo dela: para subir os poucos degraus de casa, precisava apoiar-se na minha irmã ou em mim. Já não conseguia visitar os pais para ver meu irmão, eles é que precisavam trazê-lo.

Logo a debilidade se instalou tão intensa que ela caiu de cama. Para ir ao médico, meu pai tinha que levá-la no colo até o táxi. Minha irmã e eu acompanhamos seu sofrimento diário, embora ela procurasse escondê-lo com um sorriso delicado que ficou para sempre em nossa lembrança.

O tampo da cômoda do quarto vivia forrado de remédios e injeções cada vez mais inúteis. Minhas avós, tias e outras senhoras se revezavam ao lado dela e nos momentos de crise corriam para socorrê-la. De madrugada, era meu pai quem a atendia, magro, de olhos pretos encovados. Uma noite, acordei com ele em pé em cima da cama, segurando-a pelas pernas, magrinha, de cabeça para baixo, porque ela havia engasgado e não tinha força para tossir.

[...] gostava de pegar na mão dela para ver o contraste com a minha, queimada de sol. Na rua, evitava me afastar do portão, porque se precisasse chamar alguém para acudi-la ou aplicar injeção, ninguém corria mais depressa do que eu. O senso de responsabilidade em relação a ela me deixava orgulhoso; ao contrário das outras crianças, que eram cuidadas pelas mães, eu é que tomava conta da minha.

Num domingo nublado, o movimento em casa começou mais cedo. Quando acordei, ela estava sentada na beira da cama, os pés inchados, com uma pilha de travesseiros no colo, em cima dos quais repousava a cabeça sobre os braços entrelaçados. A respiração estava mais ofegante e as veias do pescoço saltadas, azuis. No nariz havia um tubo ligado ao balão de oxigênio. Lembro que tomei café e dei um beijo demorado em seu rosto pálido. Ela não sorriu dessa vez, apenas voltou os olhos sem luz na *direção dos meus. Eu quis ficar sentado no tapete ao lado dela, mas ninguém deixou.*

Fui para o portão assistir ao jogo dos mais velhos na porta da fábrica. [...] Sentei ali quietinho, sem entender por que não me deixavam ficar com a minha mãe.

Logo depois, a tia Leonor foi buscar meu tio Amador e o meu pai, que tinha ido dormir um pouco na casa da vó Aurélia. Na volta eles passaram calados pelo portão. Meu pai tinha a barba por fazer.

De repente, o silêncio caiu lá dentro. Sem barulho, cheguei até a porta do quarto e parei atrás da minha irmã. Entrava uma luz cinzenta pela janela. Todos permaneciam imóveis em volta da cama. Debruçada sobre a pilha de travesseiros, minha mãe respirava a intervalos longos. Depois, o braço dela despencou dos travesseiros, a aliança de casamento caiu da mão, correu pelo assoalho e fez três voltas antes de parar.

A perda da mãe, o fato de eu ser mais velho e de não morarmos na mesma casa despertaram em mim um senso de proteção do irmão menor que me acompanhou pelo resto da vida.

Quando completei dez anos, meu pai casou outra vez e Fernando veio morar conosco. Era o que minha irmã e eu mais desejávamos: estar com ele à vontade, jogar bola, fazer guerra de mamona, rodar pião, brincar de mocinho e bandido, sem termos de nos separar no fim do dia.

Estudei na Universidade de São Paulo; meu irmão, na Faculdade de Medicina de Sorocaba. Já no primeiro ano comecei a dar aulas em cursinho, e a ganhar bem. Meu pai, então com quatro filhos e dois empregos que lhe consumiam catorze horas diárias, precisou de meu auxílio para manter Fernando numa república de estudantes. Ajudei-o, orgulhoso de poder fazê-lo, até quando meu irmão passou a dar plantões e a viver por conta própria, no final do curso.

Nós nos casamos na mesma época e tivemos duas filhas cada um. A vida familiar e a rotina da profissão nos conduziram por caminhos diversos: ele como anestesista e clínico geral; eu, como oncologista, depois de passagens rápidas pelas carreiras de sanitarista e de infectologista.

Em 1972, fui convidado a trabalhar no Hospital do Câncer. No ano seguinte, Narciso, que havia sido meu aluno e, depois de entrar na faculdade, dava aulas comigo no curso Objetivo, apareceu em casa numa tarde de sol tão forte que fomos obrigados a fechar as cortinas da sala para poder conversar. Ele tinha terminado o curso na Santa Casa e não sabia que rumo tomar, como acontece com boa parcela dos recém-formados.

Começamos a trabalhar juntos. Naquele tempo, simplesmente não existia cadeira de Oncologia nas faculdades; a intenção de curar era a mola mestra que arrebatava professores e alunos. Aliviar o sofrimento humano, vocação suprema da medicina, não fazia parte das preocupações profissionais nem do currículo das universidades. Tal distorção do papel tradicional do médico na sociedade, paradoxalmente reforçada a partir da descoberta dos antibióticos, que trouxe a possibilidade de salvar pessoas antes fadadas a morrer, levava os médicos a fugir dos doentes com câncer feito o diabo da cruz. Condição associada à dor e à ausência de tratamentos capazes de modificar sua história natural, o câncer representava o lado tenebroso da medicina, a besta do Apocalipse, a realidade impiedosa diante da qual éramos obrigados a nos confrontar com nossa ignorância.

Com Narciso e comigo, porém, as coisas não se passaram dessa maneira. Professores de cursinho com bons salários e tempo disponível, não dependíamos da medicina. Para nós, habituados ao trabalho duro com o microfone na mão em salas com mais de trezentos alunos e à necessidade de manter viva a atenção de tantos adolescentes, ficar a manhã toda no ambulatório atendendo a um doente depois do outro, em voz baixa, sentados, era descanso.

Em 1975, alugamos duas salas na clínica de colegas mais velhos, num bairro de classe média alta, e começamos a atender. Nessa época havia apenas dois oncologistas-clínicos com consultório particular na cidade, que já contava oito milhões de habitantes.

Homens de temperamentos opostos em muitos aspectos, Narciso e eu formamos uma parceria de raro entendimento. Em trinta anos de trabalho conjunto, jamais levantamos a voz um para o outro nem discutimos por causa de dinheiro, vaidade pessoal ou irritação mútua. Até hoje, no final de cada mês, dividimos em partes iguais a receita obtida, sem que nenhum de nós se dê o trabalho de conferir as contas apresentadas.

O movimento da clínica aumentou rapidamente. No fim dos anos 70, o cuidado com os pacientes exigia tanto tempo que fui obrigado a me desligar do cursinho; Narciso fez o mesmo, pouco depois. A dedicação integral, entretanto, não foi suficiente para acompanhar os doentes que tratávamos na clínica particular e no Hospital do Câncer. Nem de madrugada tínhamos sossego; volta e meia acordávamos para socorrer alguém. Era evidente que precisávamos de mais um médico para dividir as responsabilidades, e começamos a procurá-lo.

Num domingo à noite na casa do Fernando, ouvindo-o descrever os casos que atendia no ambulatório de uma fábrica em São Bernardo, pensei que aquilo não tinha cabimento: ele trabalhar num emprego noutra cidade, enquanto nós andávamos atrás de um clínico para nos ajudar. No dia seguinte conversei com o Narciso, que aceitou a idéia sem reservas. A partir de então, tive a sorte de compartilhar o dia-a-dia com meu irmão. Os anos de separação na infância pareciam recompensados em definitivo pelo convívio íntimo, rotineiro, intelectualmente desafiador, que se prolongaria até o destino decidir de outra forma.

Com Narciso, construímos uma clínica que prosperou com segurança e nos concedeu o privilégio de acompanhar de perto, em sucessivos estágios no exterior, os avanços da oncologia que aconteciam nos principais centros universitários americanos e europeus.

Não são poucas as situações às quais somente atribuímos significado especial e que lamentamos não ter sentido alegria suficiente em viver quando já pertencem ao passado. Nesse caso não foi assim. Fui conscientemente feliz na convivência diária com meu irmão e percebi inúmeras vezes a grandiosidade do sentimento que nos uniu desde crianças, não apenas nos momentos eventuais, mas na rotina banal, na pizza das noites de domingo com as meninas, nas conversas no automóvel, no cafezinho entre as consultas, nas risadas com o Narciso, na satisfação de ver um doente curado ou nas palavras de consolo mútuo ao perder alguém que tínhamos esperança de manter vivo.

O velho mestre

Voltemos à história daquele professor de obstetrícia capaz de contar casos e rir com as mulheres em pleno exame ginecológico, sem o menor constrangimento.

Na universidade, convivi com muitos professores; alguns me impressionaram pelo saber teórico ou pelo preparo técnico, outros passaram despercebidos por serem figuras apagadas ou por meu desinteresse no assunto que discutiam. No frigir dos ovos, fiquei com a sensação de que aprendi a ser médico graças à influência direta de meia dúzia deles. A arte de um ofício se aprende com poucos mestres.

Altafini foi um desses. Nem era professor da faculdade; chefiava um dos plantões na Cruzada Pró-Infância, maternidade que atende mulheres pobres no centro de São Paulo, na qual estagiei durante o quarto e o quinto ano. Nascido na Mooca, reduto de imigrantes italianos como seus pais, era um homem de riso franco, físico de lutador de luta livre, que tinha o dom de magnetizar os ouvintes pela riqueza de detalhes dos casos que relatava com dramaticidade e muita graça. O fascínio que exercia, entretanto, não o impedia de mostrar interesse por aqueles que o rodeavam.

Na gentileza do trato impunha respeito entre médicos, parteiras, enfermeiras e auxiliares, que o admiravam por ser exigente, sempre visando o bem-estar das mulheres que vinham dar à luz. Ninguém ousava contrariar as regras de trabalho estabelecidas em seu dia de plantão, mas todos, sem distinção, tinham liberdade para propor o que mais lhes aprouvesse. Ele ouvia, compenetrado, fosse a parteira com trinta anos de experiência, uma atendente de enfermagem ou o quartanista recém-admitido, e, quando se convencia do acerto da sugestão, acrescentava, enfático:

— Tem razão. De hoje em diante fica todo mundo proibido de fazer do jeito que eu mandei!

A equipe reunida visitava as parturientes rigorosamente às nove horas, mas os quartanistas e os quintanistas precisavam chegar às sete para receber o plantão da equipe anterior. Independentemente do número de pacientes internadas, ouvíamos o coração de todos os bebês, contávamos as contrações uterinas e tocávamos as mulheres uma por uma, para discutir o andamento do trabalho de parto sem passar vergonha durante a visita geral. Não que ele levantasse a voz quando deixávamos de cumprir nossa parte, mas seu ar de decepção era tão entristecido e o sorriso de aprovação tão aberto que fazíamos o possível para não frustrá-lo.

Aluno de uma geração de obstetras com grande habilidade no uso do fórceps, para quem a cesariana era o último recurso, por causa do risco da operação numa época em que os antibióticos ainda não tinham sido descobertos, ele insistia com tranqüilidade quando perdíamos a paciência de aguardar o nascimento pela via normal e sugeríamos a cirurgia:

— Calma, meninos! Obstetrícia é uma palavra que vem do latim *obstare*: "ficar parado na frente", "esperar".

Deixei a maternidade quando passei para o sexto ano — começava o internato no Hospital das Clínicas, dava aulas no curso Objetivo à noite e nos fins de semana, não sobrava tempo para nada. Além disso, e apesar de ter gostado muito do estágio na Cruzada, percebi que não seria feliz fazendo partos pelo resto da vida. Luiz, meu colega de turma e parceiro de plantão, ao contrário, fez carreira ao lado do professor e acabou assistente e, mais tarde, sócio dele.

Nos anos seguintes encontrei Altafini em alguns aniversários na casa do Luiz, todas as vezes acompanhado pela esposa educada, formal, e ele, como sempre, contando em voz alta histórias que faziam todos rir. Com o tempo perdemos o contato direto, infelizmente.

Vinte anos depois de formado, na véspera de uma viagem para os Estados Unidos, onde participaria de um congresso, recebi sua visita no consultório:

— Preciso de sua ajuda, minha mulher está morrendo.

Estavam casados fazia mais de trinta anos e tinham três filhos adultos. Ele andava pelos sessenta anos, os cabelos haviam ficado grisalhos, mais ralos, mas o corpo conservava a rigidez atlética, e o olhar o mesmo magnetismo, apesar da tristeza vivida.

Seis meses antes, a esposa fora operada de um tumor maligno resistente aos tratamentos da época, mas a cirurgia foi de pouca valia, porque a doença já se achava disseminada pela cavidade abdominal. Levou-a para casa e cuidou pessoalmente dela até sentir a proximidade do desenlace. Naquela semana, com a piora das dores, tinha achado melhor interná-la.

Falei do congresso americano, e disse que o Fernando e o Narciso tomariam conta do caso durante a semana de minha ausência. No dia seguinte, passei para vê-la no hospital: estava tão doente que viajei com a impressão de que não a encontraria na volta.

Foi o que aconteceu. Dias depois recebi um telefonema dele: queria repetir as palavras de agradecimento que dissera a meus companheiros de trabalho, pela dedicação e carinho nos últimos momentos da esposa. Insistiu que médicos como eles engrandeciam a profissão e o gênero humano; foi tão enfático que lhes perguntei a razão para merecerem elogios daquela espécie. Narciso, que não o conhecia antes, respondeu:

— Generosidade da parte dele, nós só tiramos as dores e a deixamos sedada, no final.

Perdemos novamente contato. Treze anos mais tarde, ao chegar em casa à noite, escutei uma mensagem do filho caçula de Altafini gravada na secretária eletrônica:

— Doutor, papai está muito fraco. Foi operado de câncer no intestino, teve várias complicações, e se recolheu na chácara há mais de seis meses, deprimido. Meus irmãos e eu fizemos de tudo para trazê-lo de volta, mas ele se negou a vir. Agora, concorda, mas com a condição de ficar internado sob seus cuidados.

Fui vê-lo bem cedo no hospital. Quando entrei no quarto, abriu o sorriso dos velhos tempos, com a diferença de que durou pouco e seus olhos se encheram de água. A musculatura exuberante estava flácida; o rosto, mais marcado; o nariz de boxeador, mais proeminente, e a voz era um reflexo pálido do passado. Precisei ajudá-lo a sentar na cama para auscultar-lhe os pulmões. Era um homem velho, de semblante expressivo.

Na cirurgia do ano anterior, o tumor do reto fora retirado com boa margem de segurança, mas no pós-operatório surgiram duas fístulas na cicatriz do abdômen e incapacidade de coordenar o funcionamento do esfíncter anal. Como conseqüência, usava fraldas e tinha colada em volta de cada um dos orifícios das fístulas uma bolsa de plástico para recolher o líquido fecalóide que drenava.

Quando terminei o exame, puxei uma cadeira. Ele elogiou minha carreira profissional, disse que a acompanhava à distância e que se orgulhava de haver participado da minha formação; disse ainda que jamais esqueceria a ajuda do Fernando e do Narciso na assistência à esposa. E contou que decidira nunca mais casar. Quando um dia a filha sugeriu que o fizesse, ele respondeu com convicção:

— Obrigado, filha. Estou com mais de sessenta anos; já dei muita explicação na vida. Quero resolver viajar para a chácara à meia-noite, pegar minhas coisas e ir, e se, ao chegar à garagem, desistir da idéia, poder voltar para a cama sem dar satisfação a mulher nenhuma.

Segundo explicou, tinha vivido feliz, em plena atividade profissional, até a cirurgia. Por causa das complicações sobrevindas, deixou a clínica sob os cuidados do Luiz, nosso amigo comum, e se recolheu para passar o resto dos dias no lugar que mais amava. Só havia concordado com aquela internação porque ficara muito difícil suportar a fraqueza e a indisposição. No final, olhou sério para mim:

— Não posso me resignar a essa condição precária. Não estou triste, nem lamento me retirar; a morte tem seu momento na história de cada um.

O exame clínico e as tomografias contrastavam com sua visão pessimista do quadro: tudo levava a crer que estivesse curado do câncer; as queixas e os sintomas pareciam resultantes das complicações pós-operatórias. Se conseguíssemos fechar as fístulas, processo demorado mas exeqüível, ele voltaria a ganhar peso e poderia se recuperar. Com exceção do descontrole esfincteriano causado por lesão dos nervos no ato cirúrgico, os demais problemas eram reversíveis. Valia a pena tentar!

Transmiti essa convicção com tanta ênfase que o convenci. Expliquei que chamaria o Rafael Possik, um dos mais experientes cirurgiões de câncer que conheci, meu companheiro de clínica nos últimos anos e médico de rara dedicação aos pacientes, para acompanhar o caso comigo.

Suspendemos a alimentação pela boca e iniciamos a nutrição parenteral, administrada gota a gota através de uma veia profunda. Todos os dias Rafael e eu íamos vê-lo; quando tínhamos um pouco mais de tempo, eu o provocava para lembrar alguma história do passado. A idade e a doença não haviam lhe roubado a graça.

Nos dois primeiros meses, mantivemos a esperança. Graças à habilidade do Rafael, que fazia pessoalmente os curativos diários, as fístulas chegaram a fechar três vezes, mas abriram de novo. Apesar de todas as manobras tentadas e dos especialistas ouvidos, não conseguíamos fazê-lo ganhar peso, nem melhorar suas condições físicas.

Por fim decidimos liberar a dieta por via oral: já que as fístulas não fechavam, que pelo menos não lhe fosse negado o prazer do paladar. Como muitas vezes acontece em medicina, entretanto, a boa intenção foi de pouca valia. Logo ficou evidente que sua disposição para alimentar-se era insignificante; para nós, ele até dizia que almoçava e jantava, mas os enfermeiros o desmentiam no corredor.

Com o tempo a depressão tomou conta de seu espírito; tornou-se circunspecto, indiferente aos estímulos, pouco disposto a falar sobre seus problemas de saúde. Nas visitas, pela manhã, independentemente do horário, costumávamos encontrá-lo no quarto às escuras, sonolento, com a TV ligada para o enfermeiro ver. Não era raro sairmos com a impressão de que, ao perceber nossa chegada, fingia dormir para abreviar a duração do exame clínico. Os enfermeiros contavam que passava os dias praticamente em jejum.

Numa das manhãs em que fui examiná-lo, dei com ele sentado numa cadeira de plástico, com os frascos de soro no suporte móvel e a água do chuveiro caindo-lhe nas costas. Em meio ao vapor, pude vê-lo nu, pele e osso, arqueado, com pernas e braços atrofiados, costelas saltadas e as vértebras protuberantes enfileiradas no dorso; um décimo do homem que havia sido. Terminado o banho, passou com esforço extremo para a cadeira de rodas e veio para o quarto. Apesar da experiência do enfermeiro, não foi fácil fazê-lo deitar; precisamos chamar mais uma pessoa.

Encerrada a manobra, exausto, pediu que os enfermeiros nos deixassem a sós, por gentileza:

— Não sinto forças nem desejo de continuar. Deixei de me alimentar voluntariamente, para ver se tudo acaba mais depressa. Vivo dependente desses meninos que se revezam a meu lado, inválido, incapaz de virar o corpo na cama para alcançar um copo no criado-mudo, tendo que deixá-los trocar minhas fraldas sujas feito bebê. Resisti o quanto pude, já cumpri minha parte, não quero viver humilhado à espera de tudo acabar. Não façam mais nada para adiar o inevitável.

As últimas palavras vieram acompanhadas de um choro compulsivo, surpreendentemente curto. Assim que ele se controlou, explicou que não chorava por desespero:

— No decorrer desta conversa vou chorar outras vezes, mas não se impressione, é um choro provocado pelas emoções que tomam conta da alma das pessoas muito doentes, queiram elas ou não. Esse tipo de reação é um sintoma da doença, a pessoa é capaz de chorar até assistindo ao filme da Branca de Neve.

Eu já tinha visto muitos doentes graves interromper as narrativas mais banais por surtos de choro como aquele, curtos, recorrentes, incontroláveis, sem me haver ocorrido que eles pudessem ser de alguma forma independentes de emoções particulares, que refletissem apenas um sintoma da labilidade associada às limitações físicas e ao pressentimento de que a vida chega ao final.

Impressionado com a firmeza de propósitos, perguntei se ele ainda sentia algum prazer, por insignificante que fosse. Respondeu que não, que nem mesmo as fotografias dos netos pequenos, a visita dos filhos ou dos amigos lhe davam prazer.

— Você nunca foi religioso. Ficou agora, depois da doença?

— Infelizmente, não. Acreditar numa vida melhor depois da morte deve ser muito consolador, mas isso é privilégio exclusivo de quem consegue ter fé. A crença na vida eterna está fora do alcance dos homens racionais.

— Mas não fica insuportável a idéia de que tudo está para acabar?

— Por que essa pretensão da eternidade?

— Nada mais prende você aqui?

— Meus filhos estão bem e não dependem mais de mim. Nasci num bairro humilde, virei médico, perdi a conta dos partos que fiz, e nada me faltou. Cheguei a fazer o parto das netas de mulheres que nasceram em minhas mãos. Tive saúde para gozar os prazeres da vida por mais de setenta anos. É pouco? Tenho direito de exigir mais?

— O que você espera que eu faça?

— O que existe de mais difícil em nossa profissão: reconhecer o momento em que a morte é iminente e ajudar o paciente a atravessá-lo sem sofrer, conduzi-lo com sabedoria e arte para permitir que a vida se apague em silêncio, como uma vela.

Disse isso, e voltou a chorar. Eu também, mas ele se recuperou antes:

— As dores estão cada dia mais fortes. Apesar da morfina de quatro em quatro horas, quase sempre tenho que antecipar a dose seguinte. Vamos passar os analgésicos para o soro, ajustar a concentração para me deixar completamente sem dor, mesmo que eu durma o tempo todo. Manter a consciência a qualquer preço não é o que os doentes esperam da medicina nessa hora.

Devia ter razão, o esquema analgésico podia ser melhorado; não tinha cabimento deixá-lo sentir dor. A gratidão e a amizade por ele talvez houvessem embotado minha sensibilidade clínica: na ânsia de mantê-lo vivo, lúcido para conversar como nos velhos tempos, estava prescrevendo doses insuficientes de analgésico.

Ele pegou no meu braço, num gesto paternal:

— Lamento fazê-lo passar por essa dificuldade. Gosto de você desde os plantões da maternidade, e fiz o possível para poupá-lo. Há quinze dias pedi ao Luiz, meu melhor amigo, seis caixas de Gardenal para resolver o problema por minha conta. Ele prometeu que traria, mas não voltou mais. Deve ter perdido a coragem.

Expliquei que atendia a doentes graves fazia muitos anos, e esperava estar à altura da expectativa de um amigo querido como ele.

Passei a morfina para infusão contínua, e no dia seguinte cheguei mais cedo. Por feliz coincidência, na porta do hospital deparei com o Luiz, que vinha visitar o amigo. Conversamos longamente sobre a situação em que nos encontrávamos, porque ele estava a par dos acontecimentos desde que o tumor fora diagnosticado. No final, Luiz concluiu:

— Ele começou a morrer quando tomou consciência de que precisaria usar fraldas e conviver com o dreno das fístulas. Foi embora para a chácara e me pediu que cuidasse da clínica. Só aceitou a internação quando piorou muito, porque era seu amigo e confiava que você não o deixaria sofrer sem necessidade. Quando chegou, você conseguiu convencê-lo de que havia solução para o quadro e ele achou razoável tentar. Depois de dois meses de tratamento perdeu a esperança, mas ficou quieto para não decepcionar você nem o Rafael, que se empenhavam tanto. Só que, intencionalmente, parou de se alimentar, com o objetivo de enfraquecer e pegar uma infecção fatal, que não veio.

Quando abrimos a porta do quarto, ele voltou a cabeça em nossa direção, com o rosto inquisitivo. Perguntei:

— Dormiu bem?

— Como há meses não dormia!

Sentamos ao lado da cama e em pouco tempo conversávamos como velhos amigos. Luiz lembrou do caso de uma parturiente obesa que eu tocara na maternidade. Achando que a cabeça do bebê já estava encaixada na bacia, rompi a bolsa das águas para facilitar o parto, como era a conduta naquele tempo. Mas a ruptura foi precoce, a cabeça ainda estava muito alta: junto com o líquido amniótico, que jorrou com força, veio uma alça de cordão umbilical enovelada que escorregou pelo meu antebraço até a altura do cotovelo. Com os dedos ainda no colo do útero dilatado, empurrei a cabeça da criança para cima, a fim de evitar que, com a saída do líquido, ela fosse impulsionada para baixo e comprimisse o cordão contra a bacia da mãe, interrompendo nele o fluxo sanguíneo, o que traria conseqüências fatais para o feto, e comecei a gritar por ajuda. Rapidamente, a mulher foi levada para a sala de operação e submetida a uma cesariana de emergência, que não teria sido necessária não fosse o acidente. Durante os quinze ou vinte minutos decorridos desde o transporte, enquanto os dois lavaram as mãos, vestiram o uniforme, montaram as mesas com os instrumentos cirúrgicos, até abrirem o abdômen e eu sentir a mão de Altafini, por dentro do útero, tocar a minha, que amparava a cabeça da criança, fiquei imóvel, curvado sobre a mesa, coberto pelos campos cirúrgicos, abafado, morto de medo e culpa, com cãibra nos dedos de tanto fazer força contra o bebê, agora resoluto a nascer pela via normal.

Luiz imitou minha voz pedindo ajuda ao lado da parturiente e contou que mais tarde, quando a criança começou a chorar, chorei junto. Altafini riu:

— Lembro bem, deu mais trabalho consolar você do que fazer a cesárea.

Essa história puxou outras, no decorrer das quais às vezes ele ameaçava cochilar mas nós não permitíamos. Passamos mais de uma hora conversando sobre a vida de cada um de nós, o Luiz e eu atentos a tudo o que ele dizia.

Num dado instante, como se tivéssemos ensaiado, sobreveio um silêncio denso, incômodo, quebrado por ele em voz baixa:

— Agora estou cansado, preciso dormir!

Três dias depois, no começo da tarde, sua respiração se extinguiu da forma que ele desejava, como a chama de uma vela.

A herança

No início dos anos 80 irrompeu a epidemia de AIDS em São Paulo. As primeiras pessoas que caíram doentes foram invariavelmente homens que faziam sexo com outros homens; depois, foi a vez dos usuários de cocaína injetável. Embora soubéssemos que se tratava de doença sexualmente transmissível, causada por um vírus adquirido vários anos antes, a natureza exata do agente etiológico era desconhecida. Todos os que apareciam com infecções oportunistas haviam sido infectados inadvertidamente, quando nem sequer imaginavam que pudesse existir um vírus como aquele.

Esses primeiros casos descortinaram dois subterrâneos da realidade social paulistana que fazíamos questão de ignorar: a vida nos guetos homossexuais na região central da cidade e a existência de uma epidemia de cocaína injetável nos bairros periféricos.

No caso dos homossexuais, atrás da suposta vida glamourosa que os gays emblemáticos ostentavam publicamente, escondia-se a luta pela sobrevivência de uma infinidade de rapazes que fugiam da agressividade preconceituosa das comunidades provincianas para o anonimato dos apartamentos localizados ao redor do largo do Arouche, no centro antigo de São Paulo, onde encontravam acolhimento e privacidade.

A pedido de um amigo, fui ver um funcionário da prefeitura chamado Jair num desses apartamentos, na rua Aurora, quase na esquina com a São João. Esse amigo contou que eles haviam estudado na mesma classe, no interior de Minas, e que desde pequeno o outro tinha um jeito afeminado de falar:

— Coitado, a escola inteira ria dele. Era o Florzinha, só podia brincar com os outros meninos na condição de café-com-leite.

Asmático desde tenra idade, filho único, órfão de pai, agasalhado mesmo nos dias quentes pela mãe ciosa de sua saúde frágil, a criança era a paixão das tias, que se reuniam à tarde para costurar na casa da irmã.

Como os preconceitos distorcem a realidade mais do que as alucinações, a fama de homossexual devasso acompanhou-o, impiedosa, pela puberdade e adolescência, ainda que ele, por timidez, preservasse a virgindade até o dia em que decidiu ir embora, aos dezenove anos, para tristeza das tias e desconsolo da mãe.

O episódio que desencadeou a partida não passava de boato. Disseram que Jair teria sido visto no banco traseiro de um Fusca estacionado atrás do cemitério, "dando" para o Odécio, filho do dono de uma fábrica de enxadas.

Como geralmente acontece com os boatos de enredo sexual, a notícia correu mais depressa do que se tivesse sido veiculada pelos meios de comunicação de massa. Depois de alguns dias sem entender por que havia aumentado a freqüência dos risos e cochichos a sua volta, Jair descobriu a maledicência graças ao irreverente Mané-Largado-da-Mulher, personagem tragicômico do lugar.

Na volta do cinema, Jair, distraído com as imagens do filme, passou pela calçada de um bar que, por precaução, evitava desde os tempos de menino. Encostado no balcão, Mané-Largado-da-Mulher, bêbado como sempre naquele horário, mexeu com ele. Jair não respondeu. Mesmo assim, Mané resolveu segui-lo, repetindo em voz empastada, para quem quisesse ouvir, os detalhes da história imaginária que monopolizava a atenção da cidade naquela semana.

O elevador do prédio na rua Aurora tinha uma porta pantográfica tão barulhenta e desconjuntada que achei mais prudente subir pela escada os cinco andares. A campainha estava muda, bati na porta até aparecer um rapaz alto, de uns trinta anos, bermuda florida, brinco na orelha esquerda, sorridente, enxugando as mãos num pano de prato, que se apresentou como Marcelo e pediu desculpas pela campainha, desligada para evitar que os vendedores incomodassem o doente. Na sala, encostado na janela, um sofá de veludo bordô, duas poltronas do mesmo tecido, a mesa de jantar e quatro cadeiras disputavam o espaço com tal determinação que, para chegar ao quarto, fui obrigado a me esgueirar entre elas.

Numa cama colonial, sob dois cobertores, estava o doente, magro, perto de cinquenta anos, nariz de árabe, bigode bem aparado, com um curativo na testa e um balão de oxigênio ao lado. No alto da cabeceira, a imagem colorida de são Sebastião flechado contra um tronco de árvore, com o olhar piedoso na direção do céu. Sobre os dois criados-mudos, uma parafernália de caixas e vidros de remédios empilhados. Os movimentos respiratórios, interrompidos por acessos de tosse seca, eram superficiais e sincronizados com a abertura simultânea das narinas para facilitar a entrada do ar que faltava nos pulmões. O termômetro marcava quarenta graus.

O quadro tinha se instalado havia quase um mês, com febrícula ao cair da tarde, astenia e falta de fôlego para subir escadas. Por duas vezes Jair procurara o pronto-socorro e recebera antibióticos ineficazes — poucos médicos estavam a par da natureza das infecções oportunistas associadas à AIDS naquele início da epidemia. Uma semana antes de minha visita, ele chegou da prefeitura exausto, sem força para preparar o jantar; deitou-se no sofá para ver TV e pegou no sono. A noite foi repleta de pesadelos, febre alta, sudorese e pensamentos delirantes. Quando criou coragem para levantar, não chegou a dar dois passos: teve uma vertigem e caiu sem sentidos. Foi a primeira falta ao trabalho em vinte e dois anos.

O baque do corpo no chão chamou a atenção do vizinho, moço do interior de São Paulo, inquilino recente do apartamento do andar de baixo: Marcelo, o rapaz de bermuda florida. Mal se conheciam; haviam se encontrado apenas duas vezes no elevador pantográfico.

— Quando ouvi aquele barulho pesado, seguido de outro mais seco, pensei: gente, que horror, só pode ser alguém que caiu e bateu a cabeça. Subi correndo, esmurrei a porta, e ninguém respondeu. Pensei: o porteiro deve ter a chave.

Não tinha. Chamaram o chaveiro, e encontraram Jair semiconsciente, confuso, caído perto da cama com o cabelo empapado do sangue que escorria do supercílio ferido.

Marcelo cuidou do vizinho com dedicação exemplar:

— Sou garçom numa boate, chego em casa às seis, mas antes compro pão e passo para ver como ele está. Preparo o café, levo mingau na cama, dou os remédios e desço para dormir. Depois volto para dar o almoço e fazer companhia até a hora de ir trabalhar. O Jair adora cinema, a gente assiste filmes antigos no vídeo, e eu leio umas poesias que ele me pede quando a febre cai. Está comendo tão pouquinho!

Era a pneumonia mais comum nos doentes com AIDS, causada por um agente oportunista tratável com comprimidos de Bactrim e um derivado da cortisona. A resposta foi rápida: em três dias Jair estava praticamente afebril, saiu da cama e voltou a ter fome. Uma semana depois foi ao consultório para revisão, com o rosto corado e quase nenhuma tosse:

— Pensei que ia morrer de falta de ar. Estava tão fraco! Não fosse o vizinho acudir, eu não teria mais levantado do chão.

— Ele disse que vocês não se conheciam. Fiquei impressionado com a dedicação. Um estranho!

— Doutor, não existe homossexual da nossa vizinhança que não tenha perdido um companheiro, um caso ou um conhecido com AIDS. Até os mais cuidadosos morrem de medo de estar infectados sem saber. Quando a gente cai de cama, vai contar com quem? Nós não temos mulher nem filhos; ainda aqueles que têm mãe, tudo bem, mãe o senhor sabe como é, mas os outros! Os familiares só aparecem para brigar pela herança. Nessa hora eles perdem a vergonha do parente homossexual.

Jair viveu mais dois anos, sobrevida inusitada para a época, sem os antivirais de hoje. Ainda teve tempo de fazer uma excursão para a Europa, sonho de muitos anos, que pagou antecipadamente para não correr o risco de deixar dívidas. Quando enfraquecia ou apanhava nova infecção, o amigo vinha junto ao consultório. Não pareciam ter um caso amoroso, Marcelo se comportava como um aluno dedicado, temeroso de perder o professor que tanto admirava.

No final, muito emagrecido, Jair desmaiou na porta do prédio: era meningite por fungo, quadro gravíssimo, que exigiu a internação no hospital da prefeitura. Fui visitá-lo uma tarde, mas já não me reconheceu. Marcelo estava numa cadeira a seu lado, com o rosto abatido, aparência de quem não dormia direito. Eu o aconselhei:

— Vai para casa, um pouco de sono vai fazer bem. No estado em que ele se encontra, nem percebe que você está aí!

— Mas e se acordar? Vou perder a oportunidade de falar com ele?

Havia cinco dias que não voltava para casa. Tinha feito amizade com as médicas responsáveis pelo leito, que lhe emprestavam a chave do quarto das plantonistas para tomar banho. De manhã vinha da boate direto para a cadeira ao lado da cama, de onde saía só à noite, para ir trabalhar. O desvelo era atribuído à gratidão:

— Meu pai era ferroviário, e minha mãe mal sabia ler; parei de estudar no primeiro colegial. Sempre admirei as pessoas cultas, que sabem conversar, pegar os talheres com educação, gostar de poesias como as que o Jair me pedia para ler, admirar um filme de arte. Aprendi muito nessa convivência, sou agradecido, e vou ficar ao seu lado até o fim, como se ele fosse meu pai.

Na semana seguinte dois sobrinhos de Jair apareceram no consultório, de terno e gravata, pedindo com sotaque interiorano que assinasse para eles o formulário de uma companhia seguradora. Era um pequeno seguro de vida que o tio havia feito anos antes. Perguntaram como chegar ao cartório para reconhecimento de firma; não conheciam São Paulo, não gostavam e morriam de medo da cidade. Tinham vindo para receber o seguro e dar início ao inventário, que lhes deixaria de herança o apartamento do tio.

Solidão

Poucos eventos na vida são capazes de isolar alguém como a progressão de uma doença fatal. Por mais empatia que a desventura do outro possa despertar, expormo-nos à insegurança, depressão, estados de ânimo contraditórios e crises de ansiedade de quem está ciente do seu fim é experiência tão angustiante que inventamos um milhão de subterfúgios para evitá-la. Lidar de perto com a perspectiva da morte alheia nos remete à constatação de nossa própria fragilidade.

Quando iniciei a carreira, nos anos 70, no imaginário popular câncer era sinônimo de morte precedida por agonias insuportáveis. Muitos nem sequer pronunciavam a palavra; diziam "aquela doença", "morreu daquilo". Se surgia um caso na família, os parentes se opunham terminantemente à revelação do diagnóstico; eram comuns pedidos como: "Não conte nada, pelo amor de Deus, doutor. Se ele souber da verdade, vai morrer de tristeza". Os médicos, por sua vez, em geral despreparados para enfrentar as conseqüências do impacto psicológico que o conhecimento da realidade poderia ocasionar, aceitavam de bom grado as imposições dos familiares. Por ferir a ética nesses casos, desculpavam-se: "É a mais piedosa das mentiras".

Esconder o diagnóstico dificulta sobremaneira o acompanhamento dos doentes com câncer, porque no futuro seremos forçados a mentir muitas vezes na tentativa de manter coerência com a versão inicial. Por exemplo, se dissermos que na operação realizada no estômago encontramos uma úlcera benigna quando na realidade se trata de um câncer gástrico disseminado na cavidade abdominal, para justificar a necessidade de quimioterapia, teremos de assegurar que, no caso, a finalidade do tratamento será apenas preventiva. Se o paciente perguntar por que o vizinho fez a mesma cirurgia e recebeu alta definitiva, precisaremos argumentar que há muitos tipos de úlcera. Se quiser saber quantos meses deverá durar o tratamento, o que deverá ser feito? Diremos que não existe previsão?

Como as mentiras têm pernas curtas e as enfermidades graves intensificam a sensibilidade de quem delas sofre, em diversas situações os doentes estranharão o desconforto dos médicos, a falta de convicção para explicar-lhes por que razão demoram tanto a sarar, a ausência de lógica na sugestão de mudanças no tratamento, as justificativas sem nexo dos familiares, e perderão a confiança em todos os que os cercam.

Lembro de um senhor de cabelos brancos, fazendeiro em Ponta Porã desde o tempo em que os homens andavam pela cidade com o revólver no cinto, portador de um tumor maligno de vesícula biliar que o cirurgião não conseguira retirar numa cirurgia feita três meses antes. Logo na primeira consulta, ele disse, com certa revolta:

— Vim para cá, doutor, porque todos falam que a medicina de São Paulo é avançada. Um dia, acordei com os olhos amarelados. O médico da minha cidade achou que era hepatite, bastava um mês de repouso para curar. Passei trinta dias imprestável, do sofá para a cama, e meu olho ficou mais amarelo do que um canário-do-reino. Aqui, disseram que era pedra na vesícula, precisava operar. O amarelo clareou depois da operação, mas continuei fraco; voltei para casa um caco, nem olhar os bezerros me interessava. Na semana passada, o amarelo do olho reapareceu, tingindo o corpo inteiro. O médico do interior falou que era inflamação das veias do fígado; o daqui disse que os canais do fígado entupiram, mas que isso passa sozinho. Ontem, fui noutro especialista: achou que não é nada, só um pouco de cirrose, vou ficar bom com um tratamento químico. O senhor me desculpe, mas que medicina avançada é essa?

A propósito desse mesmo senhor, nunca esqueci como reagiu mal-humorado quando lhe sugeri o uso de um antiinflamatório sob a forma de supositórios para evitar intolerância gástrica:

— O senhor me desculpe. Isso pode ser moda aqui em São Paulo ou no Rio de Janeiro; na minha terra homem não usa essas coisas!

Em casa os familiares, empenhados em animar o doente, em convencê-lo de que tudo está bem, um pouco mais de paciência e as coisas voltarão ao normal, dificilmente conseguirão disfarçar por completo seus temores e infelicidade. Como uma vez me disse uma senhora:

— Meus filhos perderam a alegria, posso ler nos olhos deles; meu marido diz que está feliz porque vou ficar boa, mas, quando se tranca no banheiro, sai com os olhos vermelhos. Somos casados há quarenta anos, ele acha que não percebo.

A perda de confiança nos médicos, acompanhada da certeza de que a família faz de tudo para esconder algo terrível, deixa o paciente solitário com suas aflições. Aos médicos, não adianta pedir esclarecimentos sobre a evolução, previsões quanto ao futuro, ou queixar-se de angústias; eles virão com justificativas técnicas incompreensíveis e com palavras de estímulo que não condizem com a realidade. Os amigos e familiares dirão que não deve se preocupar, a fase difícil passará, e insistirão em exortá-lo a não se deixar abater se quiser ficar bom, a ter força de vontade e espírito de luta.

Com a piora dos sintomas e o declínio progressivo das forças, ele percebe claramente que a evolução caminha no sentido inverso ao dos prognósticos otimistas repetidos ao seu redor. Quando levanta alguma dúvida, porém, é desconsiderado pelos médicos e repreendido pela família:

— Assim, pensando negativamente, como é que você vai se curar? Como quer melhorar se vive deprimido pelos cantos?

Incapazes de conviver com o significado da perda iminente de um ente querido e com a tristeza que supõem tomar-lhe conta da alma ao antever a possibilidade de a vida acabar, os mais próximos procuram envolver a pessoa enferma numa redoma de normalidade autista, como se o seu padecimento físico e existencial pudesse ser apagado e toda referência a ele omitida com o objetivo sublime de tornar felizes seus últimos momentos.

Com a sensibilidade à flor da pele, o doente percebe o desconforto geral sempre que exprime qualquer impressão negativa ou queixa em dissonância da paisagem paradisíaca que lhe criam, e se recolhe em seu mundo particular, impenetrável.

Um doente que tratei no Hospital do Câncer certa vez me pediu que suspendesse as visitas a seu quarto:

— Não agüento mais fazer sala para visitantes que só falam banalidades! Fraco deste jeito, que interesse posso ter nos gols do centroavante do Palmeiras, no carro novo que o sogro do meu vizinho comprou ou nas gracinhas do gato angorá da minha cunhada?

Mesmo a intenção do médico, em princípio elogiável, de procurar transmitir otimismo a seus pacientes pode servir paradoxalmente ao propósito de evitar contato com as questões mais graves que os afligem. Todos nós, de alguma forma, em determinados momentos, agimos dessa maneira: desqualificamos queixas, tergiversamos, acenamos com esperanças vãs, lançamos mão da explicação mais imediata para nos livrar de perguntas incômodas e encurtamos ao máximo a duração das visitas aos que estão deprimidos ou excessivamente pessimistas. Muitas vezes, tomamos tais atitudes sem nos dar conta, para nos defender de desgastes emocionais; outras vezes, em conseqüência do excesso de trabalho, por falta de empatia ou por não termos energia suficiente para manifestar ao outro a solidariedade que esperaria de nós.

O resultado perverso desse conjunto de ações bem-intencionadas na aparência, adotadas com a finalidade teórica de proteger o doente da antevisão da morte, é deixá-lo terrivelmente desamparado. Com quem ele irá desabafar, compartilhar dúvidas, visões fantasiosas, problemas íntimos, ou chorar de infelicidade ao sentir que a hora de se afastar para sempre das pessoas queridas está cada dia mais perto?

Não quero deixar a impressão falsa de que os anos de prática me ensinaram a colocar os portadores de doenças potencialmente fatais a par dos riscos futuros, método que os médicos anglo-saxões, por exemplo, seguem e recomendam com ênfase. Na verdade, nunca me convenci de que existissem regras rígidas de procedimento em tais situações. A complexidade dos pensamentos e reações de quem se defronta com a possibilidade de morrer é de tal ordem, que em trinta anos encontrei mais dúvidas do que respostas a me orientar na condução desses casos.

Algumas vezes, entretanto, o caminho a ser seguido se delineia com clareza já no primeiro contato. Uma ocasião fui procurado por três moças que vieram falar sobre o pai, seu Lindolfo, recém-operado de um tumor de pulmão. O tumor não pudera ser retirado por estar firmemente aderido aos grandes vasos que passam pelo tórax, caso de prognóstico sombrio, numa época em que havia poucas drogas dotadas de atividade contra a doença. Diziam ter paixão pelo pai, homem íntegro que dedicara a existência ao bem-estar da família; faziam questão absoluta de que ele e a mãe fossem poupados do diagnóstico:

— Vivem tão felizes, para que deixá-los sofrer antecipadamente?

No dia seguinte as irmãs voltaram, agora com a mãe e o doente; ficou difícil acomodá-los na sala de consultas. Era um homem de olhos azuis, cabelos brancos e fartos, sotaque ítalo-paulistano da Mooca, filho primogênito de imigrantes toscanos que aos treze anos tivera que assumir no Mercado Municipal a banca de laticínios do pai, falecido subitamente ao lado do rádio, que transmitia um jogo de futebol. Desde então, acordava às cinco para chegar ao Mercado britanicamente às seis, inclusive aos domingos, sem jamais ter se dado ao luxo de uma semana de férias.

O tumor nem era grande: a localização desfavorável é que havia impedido a retirada cirúrgica. Fiquei com esperança de que um tratamento agressivo que combinasse radioterapia e quimioterapia pudesse provocar remissão completa da doença.

Terminado o exame físico, seu Lindolfo vestiu a camisa branca impecavelmente passada e sentou ao lado da mulher, diante de mim. A filha mais velha se apressou em perguntar:

— Então, doutor, meu pai vai se livrar desse fungo que apareceu no pulmão, não vai?

Respondi que a doença exigiria um período longo de tratamento com drogas químicas e radiações, mas que o estado geral dele era muito bom e que não havia razão para pessimismo. Dei todas as explicações técnicas sobre o esquema planejado, falei dos efeitos colaterais, porém não mencionei o diagnóstico, conforme combinado, nem me referi ao fungo da versão das filhas.

O diálogo que se estabeleceu foi esquisito, porque o pai olhava fixo para mim, sem pronunciar uma sílaba; as filhas é que faziam as diversas perguntas, às quais eu respondia olhando para o doente, como se tivessem partido dele. Praticamente, ouvi sua voz só nos momentos em que ele me estendeu a mão, ao chegar e ao se despedir. Quando ficamos em pé, uma das moças fez a mais embaraçosa das indagações:

— Mas o papai vai ficar bom, não vai?

Disse que sim, mas dessa vez, ao responder, meus olhos se desviaram do pai para a moça. Os dele continuaram fixos nos meus, como haviam estado a consulta inteira.

A tarde seguiu na rotina. Ao entrar a última paciente, já eram oito da noite, horário de saída das secretárias:

— Doutor, depois o senhor precisa conversar com o seu Lindolfo, que voltou.

— Voltou agora?

— Já faz tempo. Mas disse que não queria atrapalhar, esperava o senhor terminar as consultas.

Acompanhei a paciente até a saída e fui buscar seu Lindolfo na sala de espera. Ao me ver, sorriu e pediu desculpas:

— Precisava muito falar com o senhor ainda hoje.

Sentei na poltrona a seu lado.

— Doutor, meu destino esteve em minhas mãos desde criança. Foi bom, acho que acertei na maioria dos caminhos escolhidos. Cheguei aos setenta anos realizado: minha mãe morreu aos oitenta e sete, feliz, sem nunca ter passado necessidade; meus dois irmãos menores se formaram engenheiros sem precisar trabalhar até receber o diploma, e fui padrinho de casamento dos dois; minhas filhas, a mesma coisa, estão formadas e casadas com homens trabalhadores. Tenho três netos lindos e uma companheira querida de mais de quarenta anos de convivência. Quando morrer, vou deixar algumas propriedades que já estão divididas no papel para assegurar uma vida tranqüila para ela e ajudar na educação dos netos. Agora apareceu esse tumor no pulmão, e eu vou lutar contra ele, mas, pelo amor de Deus, não diga para as minhas filhas que estou a par do diagnóstico. Vamos manter a história do tal fungo quando estivermos com elas e com a minha mulher. Fica melhor assim, elas não precisam saber que eu sei. Para quê? Vão sofrer duas vezes: uma por perder o pai, outra por imaginar minha infelicidade em saber de tudo, independentemente de eu estar ou não triste.

— Quem contou a verdade para o senhor?

— Mais de cinqüenta anos atendendo o público ensinam um pouco de psicologia humana. O cirurgião dizia que não me preocupasse, a operação tinha sido um sucesso, era apenas uma inflamação causada por um fungo, mas não olhava nos meus olhos e procurava sair de perto o mais rápido possível; o senhor pelo menos olhou para mim o tempo todo, a não ser quando a minha caçula perguntou se eu ia me curar. Minhas filhas falavam uma coisa, mas a expressão delas mostrava outra. Sabe o que fiz? Peguei os exames e marquei hora num especialista em doenças respiratórias que gosta de cozinhar e compra há anos na minha barraca.

Na referida consulta, seu Lindolfo disse que se tratava do caso de um primo. O médico teve uma visão mais pessimista do que a minha; considerou a situação gravíssima, estimou a sobrevida do suposto paciente em três a quatro meses, no máximo.

O tempo mostrou que a previsão do especialista fora pouco generosa: seu Lindolfo viveu quase dois anos mais. Participou de todas as decisões a respeito do tratamento e acompanhou de perto os resultados dos exames. Quando não conseguia falar a sós comigo no consultório, telefonava mais tarde. Na presença das filhas e da esposa não fazia perguntas sobre a evolução; muito menos sobre o futuro.

A doença progrediu com vários períodos de remissão, que lhe permitiram trabalhar até o último mês de vida, quando surgiram complicações pulmonares e astenia intensa. No final, com falta de ar ao mínimo esforço, foi para o hospital. Numa manhã de domingo passei para vê-lo. Encontrei os genros no corredor, as filhas sentadas no sofá do quarto e a esposa ao lado da cama, de mãos dadas com ele, que respirava com o auxílio de uma máscara de oxigênio sob pressão, sonolento por causa da má oxigenação cerebral e da ação dos analgésicos, que gotejavam do frasco de soro. Sobre a mesa, uma vitrola portátil tocava baixinho um LP de Beniamino Gigli, para seu Lindolfo "a voz mais bonita que Deus pôs na Terra".

Quando terminei de examiná-lo, perguntei se sentia algum desconforto. Respondeu que não, só tinha vontade de dormir. Passei a mão em sua cabeleira branca e me despedi. Ele puxou a máscara de lado, para poder falar mais alto:

— Doutor, que fungo bravo!

E sorriu.

Lin

No início da carreira, tratei de um sextanista de medicina de vinte e sete anos, filho de chineses donos de uma tinturaria no Ipiranga, bairro de São Paulo. Recém-casado, fora operado de um tumor no reto, raríssimo em pessoas da sua idade, que obstruía completamente a luz intestinal e se fixava à estrutura óssea da bacia, sem oferecer a menor chance de ressecção. Foi feita apenas uma colostomia definitiva, que consiste em exteriorizar para sempre a extremidade do intestino num orifício aberto na parede abdominal.

Sem coragem para revelar o ocorrido, o cirurgião preferiu dizer que havia retirado o tumor e que a colostomia seria temporária; o trânsito intestinal poderia ser restabelecido cirurgicamente depois de seis meses de tratamento quimioterápico. Pelo telefone, ao me passar os detalhes, justificou-se: tinha determinado esse prazo porque achava que o rapaz não viveria tanto. E acrescentou:

— Por que não darmos alguma esperança a ele, coitado?

Os primeiros ciclos de quimioterapia foram administrados sem intercorrências e com boa resposta clínica. Quando completamos seis meses de tratamento, porém, começaram os percalços: Lin estava assintomático, terminando o internato e louco para fazer a correção da colostomia antes da cerimônia de formatura. Voltou ao cirurgião, que disse só depender de minha autorização para reoperá-lo. Para mim, novamente por telefone, o médico explicou:

— Joguei a batata quente na sua mão, vocês estão mais acostumados com essas conversas.

Tivesse sido hoje, penso que não teria agido como achei melhor na hora: em vez de revelar a verdade, mantive a história do cirurgião e aconselhei o prolongamento dos ciclos de quimioterapia por mais seis meses, como medida de segurança. Devo ter fixado esse prazo porque no fundo o considerava uma expectativa de vida exagerada naquelas condições, atitude idêntica à que o cirurgião tomara logo depois da cirurgia.

Os seis meses passaram depressa, Lin continuava evoluindo bem, havia concluído a faculdade e iniciado a residência de cirurgia, apegado à esperança de que seus problemas finalmente terminariam. Um de seus planos era fazer uma excursão pelo Nordeste, sonho da esposa para comemorar a nova vida, e conceber o primeiro filho.

À medida que o fim do novo prazo se aproximava, fiquei muito incomodado; imaginei minha revolta se um dia adotassem comigo conduta semelhante e liguei para o cirurgião:

— Alguém precisa contar a verdade. Acho que deve ser você.

— Pelo amor de Deus, não me peça uma coisa dessas.

Telefonei para a casa de Lin, e marcamos um encontro num pequeno restaurante, perto do Hospital do Câncer.

Lin chegou de roupa branca e afrouxou o cinto antes de sentar:

— Minha mulher precisou alargar as minhas calças. No hospital ganhei o apelido de Dr. Buda.

Criei coragem e expliquei que, durante toda a evolução, nunca cheguei a conhecer sua esposa ou outro familiar que pudesse ter me aconselhado. Contei que o tumor não fora ressecado, a colostomia não poderia ser desfeita e o tratamento não tinha prazo para acabar. Sinceramente, procurei encorajá-lo: a resposta às drogas havia sido ótima, e eram boas as perspectivas de que assim continuasse por mais tempo. No fim, pedi desculpas pelo ano de atraso daquela conversa e perguntei se ele não fazia mesmo idéia da persistência do tumor depois da operação; afinal, era residente de cirurgia.

Ele levantou os olhos da toalha da mesa:

— Não tinha a menor idéia!

Andamos até a esquina, calados; ele, de cabeça baixa, aparentemente destruído. Não teria sido a franqueza o caminho mais curto, quando tudo começou? Por que eu aceitara o papel de cúmplice naquela mentira? Experimentei uma sensação horrível, de falta de sabedoria e preparo emocional para o exercício da profissão.

O sentimento de culpa se agravou nas semanas seguintes, depois que ele faltou à consulta marcada e não deu mais notícias. Imaginei que tivesse ido procurar outro médico e me confortei com a idéia de que talvez fosse a melhor solução, agora que havia perdido a confiança em mim.

Quase oito meses depois do encontro no restaurante, Lin retornou, novamente sozinho. Estava mal, inchado, com o abdômen distendido pelo acúmulo de líquido e o fígado repleto de tumorações. Ao saber da verdade, tinha abandonado completamente o tratamento; só voltara porque não suportava mais a distensão abdominal.

Tomado de remorsos, expliquei que não havia telefonado para convencê-lo a retornar por achar que ele estivesse indo a outro médico. Respondeu que o telefonema nada teria adiantado:

— Depois da nossa conversa, a vida perdeu o sentido.

O presente de Deus

Há doenças malignas que evoluem com anorexia progressiva. Algumas vezes a falta de disposição para comer constitui a primeira manifestação da enfermidade; outras, está associada às fases mais avançadas.

Nos casos em que perder peso constitui sintoma isolado, não é raro os doentes mencionarem emagrecimento de até dez quilos nos últimos meses sem atribuir importância ao fato, por se julgarem bem de saúde ou apresentarem queixas vagas, como indisposição geral ou cansaço no final do dia, erroneamente imputadas às atribulações da vida na cidade grande. Se a perda ocorre com pessoas que estavam acima do peso ideal, então, é até considerada bem-vinda, e serve de estímulo para a adoção de dietas hipocalóricas que tornam o quadro ainda mais confuso.

Um dos primeiros sinais da anorexia nem é a falta de fome, mas a percepção de que a plenitude gástrica se dá à custa de volumes cada vez menores:

— Meio bife, duas colheres de arroz, e fico com a sensação de ter comido um boi!

Com o agravamento, muitos desenvolvem intolerância a alimentos que fazem parte de seu cardápio cotidiano: carne vermelha, frango, peixe, frituras, doces, e assim, progressivamente, até que o simples cheiro da comida no fogão lhes provoque náuseas.

Tive um paciente de sessenta anos, cujos pais abastados transformavam cada refeição numa obra de arte, segundo o ouvi repetir nem sei quantas vezes. Fez com eles várias viagens à Europa, onde se hospedavam em hotéis de luxo e freqüentavam restaurantes refinados. Além do cultivo permanente dos prazeres mais sutis que o paladar humano é capaz de discernir, do berço herdou um maneirismo formal, várias propriedades e dona Esmeralda, cozinheira negra bem-humorada, de corpo farto, que tinha servido a seus pais desde mocinha.

Esse senhor, sempre de paletó escuro com lencinho dobrado no bolso, foi operado de um câncer de estômago no início da década de 80 e evoluiu bem por dois anos, durante os quais fez três viagens gastronômicas com a esposa à Provença, no interior da França. A doença retornou sob a forma de uma massa tumoral que aos poucos comprimiu as alças intestinais logo abaixo do local de onde o estômago havia sido retirado. Ele definiu o primeiro sintoma da recaída como uma sensação aflitiva de empachamento após um almoço na casa de amigos, a qual só passou quando conseguiu vomitar. Jogou a culpa do mal-estar num salmão defumado importado da Noruega pelos anfitriões, iguaria rara no Brasil naquele tempo, com a qual mantinha uma relação conflitante de gula e má digestão.

Na semana seguinte o quadro se repetiu. Dessa vez, depois de uma refeição caseira:

— Não entendi, doutor, tinha comido um filé alto ao molho madeira, com petits-pois, rodelas de cenoura na manteiga e arroz selvagem, prato que dona Esmeralda faz há anos.

A partir desse dia, instalou-se um conflito acirrado entre a variedade de sabores arquivados em sua memória e a incapacidade progressiva de obtê-los. Sentindo o apetite esvair-se, encomendava à dona Esmeralda os pratos mais trabalhosos. A cozinheira atinha-se fielmente às orientações e ainda criava múltiplas alternativas para ajudá-lo, mas na hora das refeições o que acontecia era desapontador: ele achava tudo insosso e ficava irritado com os pequenos defeitos que julgava responsáveis pela falta de prazer à mesa — o ponto de cozimento, o excesso de determinado tempero, a escassez de outro, a consistência do caldo.

A esposa e os filhos faziam via-sacra pelos melhores restaurantes da cidade, atrás dos pratos mais extravagantes com que ele cismava, apesar de saberem que o resultado final seriam algumas garfadas e uma lista interminável de impropérios contra os cozinheiros despreparados de hoje. Numa das consultas, quando sua mulher comentou que ele reclamava de todos os pratos que lhe traziam, sem exceção, ele se justificou:

— Em São Paulo não existe restaurante bom.

Conhecedor da natureza da doença que o enfraquecia, curiosamente atribuía à qualidade dos alimentos e à forma de prepará-los a razão única de seus males. Parecia crer fervorosamente, contra o bom senso mais elementar, que os poderes de uma refeição elaborada com requintes imaginários iriam livrá-lo das dificuldades que enfrentava.

A doença evoluiu com anorexia cada vez mais pronunciada e fraqueza incapacitante. A debilidade era tanta que ele só levantava da cama para ir ao banheiro. Mal conseguia engolir algumas colheradas de mingau, sopa, ou tomar um gole de leite batido com frutas; alimentos sólidos, nem pensar. Graças ao Edson, nosso enfermeiro, que diariamente lhe administrava um litro de soro, pudemos mantê-lo ainda por algum tempo no convívio com a família.

Às vésperas da internação hospitalar definitiva, quando a esposa acordou, não o viu na cama. Encontrou-o na cozinha, dando instruções para dona Esmeralda preparar uma perna de cabrito com batatas coradas e brócolis ao alho e óleo. Mesmo convencidas da inutilidade da iniciativa, as duas mulheres se esmeraram no assado.

Estavam enganadas: ele comeu pouco, é verdade, mas com tanto gosto que elas se emocionaram. Antes de voltar para o quarto, ainda pediu duas fatias de pudim de leite condensado. Foi um milagre de Deus, comentou dona Esmeralda, chorando, com a patroa.

Idishe mamme

Schlomo contava uma história de dores difusas nas costas, emagrecimento, e da romaria de sete meses por consultórios de ortopedistas que não conseguiam descobrir a causa desses sintomas. O último médico visitado, um professor de faculdade, chegou a aconselhá-lo:

— Procure um psiquiatra, os exames não mostram nenhuma etiologia orgânica. Você tem quarenta e dois anos, nunca se casou, mora com a mãe até hoje, é provável que essas dores sejam conseqüência da somatização de problemas psicológicos. O inconsciente sexual se materializa nas mais variadas apresentações patológicas.

Depois de algumas sessões, o psicanalista percebeu que as dores eram muito intensas para serem consideradas psicossomáticas, e o encaminhou a um clínico, que fez o diagnóstico de câncer avançado de pâncreas.

Fiquei impressionado com a elegância de suas roupas na tarde fria e chuvosa da primeira consulta. Vestia uma capa bege, lisa, calça de tecido mole, camisa creme e paletó de veludo verde-escuro; a magreza lhe realçava a figura longilínea e a delicadeza dos traços fisionômicos.

Entrou acompanhado da irmã e do cunhado. No final da consulta, a moça explicou que ela e o marido não tinham parentes próximos, como tantos judeus sobreviventes da fúria nazista; a família eram apenas os três que ali se encontravam e a mãe, já idosa.

Schlomo tinha a minha idade na época; trabalhava na área de design, criando modelos para costureiros internacionais. Via entre Milão, Paris e o apartamento que dividia com a mãe em São Paulo. Seus olhos brilhavam quando descrevia estilos de alta-costura e as tendências estéticas do inverno seguinte na Europa e nos Estados Unidos. Conhecedor do mercado, era capaz de prever as cores que entrariam em moda no mundo, com base nos estoques de corantes armazenados pelos industriais do setor.

Nas conversas que tivemos durante o tratamento, aprendi noções elementares de como combinar cores, modelos de calças com camisas e paletós; passei a admirar um bom corte de terno, os laços de gravata, a avaliar a qualidade de um tecido. Além disso, adquiri uma vaga idéia do universo da moda, a respeito do qual eu nada sabia.

A voz suave, os gestos precisos para dar ênfase às palavras e seu português impecável cativaram todos nós, na clínica. Sobre ele, Fernando disse uma vez:

— Nunca tivemos um doente tão educado. Combina a doçura das mulheres com a firmeza dos homens bem-sucedidos.

Mas, como o câncer não reconhece as virtudes do sujeito, segundo escreveu Machado de Assis, a doença evoluiu de mal a pior. As dores, conseguimos controlar com quimioterapia e alguns analgésicos fortes; a falta de apetite, infelizmente, agravou-se nos estágios finais. Ele chegou aos cinqüenta quilos, peso irrisório para um homem de um metro e oitenta e cinco.

Com o emagrecimento, ficou fraco demais para vir à clínica. Foi então que conheci a senhora judia que havia cruzado a pé a fronteira da Romênia, com os dois filhos pequenos e o marido joalheiro, em busca de uma vida sem guerras nem perseguição racial, no Brasil. Ela me abriu a porta com um esboço de sorriso, encarnação da tristeza:

— Muito prazer, doutor, meu filho gosta muito do senhor.

— E eu dele.

Schlomo estava na cama, de pijama cor de pérola, com um cobertor nas pernas e dois livros sobre o criado-mudo, ao lado de uma bandeja de prata com leite, bolachas, manteiga e meio papaia. Achei-o mais magro que na semana anterior, no consultório. Cumprimentei-o e pedi licença para lavar as mãos. Sobre o mármore da pia havia outra bandeja, menor que a do quarto, com suco de laranja, torradas e geléia.

Quando voltei, perguntei-lhe como andava o apetite.

— Péssimo, apesar das bandejas que minha mãe espalha pela casa. É um inferno! Aonde vou, tem alguma coisa para comer. Além desta bandeja e da que você viu no banheiro, há outras duas na sala de jantar e mais uma perto da televisão.

— Por que tantas?

— No começo ela trazia os pratos e não arredava pé enquanto eu não tentasse comer. Domingo passado, esforçando-me para contentá-la, dei duas garfadas e vomitei. Fiquei nervoso e pedi, pelo amor de Deus, que ela parasse com o suplício de me oferecer comida o tempo inteiro. Parou, mas de lá para cá adotou essa técnica.

Cerca de quinze dias mais tarde voltei para vê-lo. Demoraram para me atender. Quando a porta se abriu, uma empregada varria o tapete, juntando restos de comida e cacos de louça, ao lado do sofá em que Schlomo se achava deitado. Constrangido, ele pediu desculpas pela cena; havia perdido a calma e chutado a bandeja que a mãe insistira em pôr no seu colo.

A epidemia de AIDS

Em 1983, fiz um estágio de três meses no Memorial Hospital de Nova York, um dos mais respeitados centros de cancerologia. Como parte das atividades, passei quatro semanas no Departamento de Imunologia Clínica, dirigido pelo dr. Herbert Oettgen, que, interessado numa pesquisa que fazíamos com a vacina BCG oral no tratamento do melanoma maligno (um dos tipos de câncer de pele), tinha vindo a São Paulo.

Nova York era o epicentro da epidemia americana de AIDS, cujo agente etiológico ainda não era conhecido, embora todas as pistas indicassem tratar-se de um vírus novo. O Departamento onde estagiei estava envolvido numa pesquisa sobre o uso de interferon — proteína envolvida na resposta imunológica — no tratamento de um câncer característico dos doentes com AIDS, o sarcoma de Kaposi. Os pacientes, homossexuais masculinos em sua totalidade, apresentavam manchas sanguíneas disseminadas pelo corpo, as quais era impossível ocultar dos olhares curiosos.

Apesar dos dez anos de experiência no Hospital do Câncer, fiquei chocado com os pacientes americanos: jovens, cultos e gravemente enfermos. O cortejo de infecções oportunistas associadas à AIDS, a perda de peso e a fadiga intensa, efeito colateral da administração de interferon em doses altas, provocavam tal debilidade que os doentes chegavam alquebrados, alguns até em cadeira de rodas.

Distribuídos em quartos de dois leitos separados por uma cortina azul, os internados na enfermaria exibiam corpos caquéticos, cabelos ralos e olhos fundos, desesperançados. No fim, desenvolviam quadros aflitivos de insuficiência respiratória e eram transferidos para a UTI, onde recebiam combinações de antibióticos caríssimos de utilidade questionável e aguardavam a morte sedados, respirando com auxílio de aparelhos.

A partir daqueles primeiros casos ficou claro que a doença era causada por um agente infeccioso que se transmitia por via sexual, através do sangue e seus derivados, e da mãe infectada para o feto, jamais pelo contato casual. Apesar da dedicação desprendida de alguns médicos e enfermeiros, o preconceito contra os doentes era evidente; havia pessoas na sala de espera que levantavam disfarçadamente quando um deles sentava ao lado e funcionários que se negavam a trabalhar nos serviços que os atendiam. Uma residente americana que estagiava naquele Departamento e tratava com a maior distância possível todos os pacientes uma vez desabafou comigo:

— Não vejo a hora de terminar esse estágio, não gosto de homossexuais. São muito promíscuos!

Quanto a mim, ao contrário, fiquei interessadíssimo pela AIDS, patologia surpreendente, que provavelmente envolvia um vírus, provocava depressão imunológica progressiva, infecções de repetição e câncer: tudo o que mais me atraía na medicina. Assistia a todas as conferências, apresentações de casos e discussões no hospital; quando saía do ambulatório, no final da tarde, descia para a biblioteca atrás das publicações mais recentes e lá ficava, até fecharem as portas. Tomado por um frenesi de curiosidade científica e de amor pela profissão, dormia e acordava pensando no assunto; para quem estivesse alheio ao tema, devia ser insuportável conversar comigo. Só comparo a excitação intelectual desses dias à que senti ao obter regressões completas em lesões de melanoma maligno disseminado, nos primeiros pacientes que tratei com BCG oral no Hospital do Câncer, quando decidi me tornar cancerologista.

Num fim de tarde, a residente que abominava a promiscuidade homossexual me pediu que atendesse em seu lugar o último cliente. Era um homem loiro nascido em Boston, elegante, formado em literatura por Harvard, cinco livros publicados sobre autores de língua inglesa do século XIX, sua especialidade, colaborador da *New Yorker* e de outras revistas e jornais de importância semelhante.

Eu conhecia bem o caso; havia participado de discussões clínicas sobre ele e já o examinara uma vez, ocasião em que trocamos algumas palavras. Foi um dos primeiros americanos a receber o diagnóstico de AIDS com base em pequenas manchas nas pernas, interpretadas por ele como hematomas resultantes de traumatismos inadvertidos. Quando lesões parecidas surgiram na face, procurou um dermatologista:

— Fui como quem faz uma consulta de rotina ao dentista. Quando ele perguntou quantos parceiros eu havia tido no último ano, estranhei: o que tem meu comportamento sexual a ver com as manchas na pele? Quanta ingenuidade, fui infectado antes de saber que existia AIDS!

Falou de sua paixão pelo Rio de Janeiro, cidade que tinha visitado três vezes, no Carnaval; guardava dos brasileiros a impressão de serem o último povo feliz do mundo. A conversa foi terminar num restaurante indiano a duas quadras do hospital. Nessa noite, ouvi falar de escritores ingleses que conhecia apenas de nome, de outros que nem supunha existirem, e, sobretudo, entrei em contato com o universo gay das grandes cidades americanas.

A partir dos anos 60, os ativistas gays americanos em luta pelos direitos civis abriram espaço para a formação de comunidades em certas áreas de Nova York, San Francisco, Miami e Los Angeles, que atraíram homossexuais do mundo inteiro. Nessas concentrações urbanas multirraciais surgiu uma intelectualidade produtiva que exerceu grande impacto nas artes, na moda e na cultura da classe média americana e de outros países. Para atender às demandas de lazer dos integrantes das comunidades nascentes, de poder aquisitivo alto, foram abertos bares, boates, restaurantes e saunas, locais em que eles estariam protegidos da repressão da sociedade heterossexual.

No restaurante indiano, o escritor falou dos bares em que os gays solitários encontravam parceiros fortuitos, das casas de prostituição que alugavam jovens musculosos, e do sexo anônimo praticado exaustivamente na escuridão das casas noturnas. No final, talvez ao notar minha perplexidade diante da descrição dos ambientes, acrescentou:

— Se você está tão interessado em AIDS, vale a pena conhecer os lugares onde a doença se espalha. Nossos médicos jamais teriam interesse em viver uma experiência como essa!

Quando terminamos de jantar, ele escreveu num papel o endereço de uma casa de espetáculos no bairro do SoHo:

— São diversos bares armados num antigo armazém. Está na moda, tem de tudo lá. Não precisa ir a outro!

Fiquei com o endereço no bolso, a me tentar. Houve momentos em que decidi ir; depois me acovardava: podia ser perigoso, num país estranho.

Numa sexta-feira, assistindo a uma aula às cinco da tarde, cansado de tanta hesitação, resolvi que, se não fosse naquele dia, jogaria fora o endereço e esqueceria o assunto.

Às dez da noite encarei o medo.

Não gostei do olhar do taxista mexicano no retrovisor quando dei o nome da rua. O trânsito fluiu bem até chegarmos às imediações. Lá, o motorista me aconselhou a descer; nos fins de semana era impossível ir de carro até a porta. Andei três quarteirões no meio de um engarrafamento de automóveis e de homens. Alguns se dirigiam aos bares e casas de espetáculos; outros formavam grupos encostados às paredes ou passeavam a esmo, para um lado e para outro, atentos aos olhares dos transeuntes.

O lugar era um velho armazém de paredes ocre, com janelas altas e uma porta grande de metal igual à de nossas padarias. A fila andava depressa. Depois da bilheteria, um corredor amplo na penumbra conduzia à entrada das salas e salões que compunham o ambiente interno. No primeiro bar, uma banda tocava um rock infernal para a audiência, que dançava freneticamente numa pista de vidro iluminada por baixo com luzes coloridas. Descontado o brilho metálico das pulseiras e dos colares sob a luz estroboscópica, tudo era preto: paredes, colunas, balcões, e o couro da roupa dos freqüentadores.

Vizinha a esse bar, entre colunas greco-romanas, havia uma sala circular adornada com estátuas de guerreiros nus. Ao redor da parte central, em forma de arena, em pequenos camarotes decorados com motivos helênicos, senhores de barba aparada com capricho, sentados em almofadões ao lado de rapazes bem mais jovens, ouviam música clássica, conversavam e riam educadamente.

Noutro salão funcionava um bar do velho Oeste, com música country, televisões transmitindo um jogo de beisebol e garçons fantasiados de Roy Rogers. Pisando em cascas de amendoim espalhadas para dar charme ao chão rústico, homenzarrões de botas, bochechas vermelhas, calças de brim apertadas e cintos com fivelas metálicas imponentes conversavam em voz alta e se beijavam na boca. Nunca tinha visto homossexuais tão musculosos no Brasil. Para ser sincero, precisei fazer esforço para aparentar naturalidade quando dois deles, de bigode vasto, com corpo suficiente para agarrar touro à unha, trocaram um beijo apaixonado, interminável, a um palmo de mim.

Fiz como os demais: pedi uma cerveja no balcão e procurei um canto com visão panorâmica. Mal dei o primeiro gole, no entanto, um caubói perguntou se incomodava e se podia me oferecer um drinque. Mostrei minha garrafa cheia, fiquei sério e olhei para outro lado.

— Você está triste?

Respondi que era estrangeiro; estava apenas visitando o lugar.

— É tímido?

Pressenti que a conversa iria longe, e pedi licença. Procurei mais dois lugares para acabar a cerveja, mas as tentativas foram abortadas por homens solícitos que sorriam à minha aproximação. Saí, pensando no desconforto das mulheres em situações análogas.

Entre os vários bares e boates do estabelecimento, viam-se barracas de souvenirs, sex shops e áreas íntimas estritamente reservadas a sócios e a freqüentadores especiais. Numa dessas áreas, encimada por um neon onde se lia "John & Mary", o porteiro me convidou a entrar. Cheguei a ensaiar um passo, mas recuei estrategicamente, por constrangimento. No pouco que a penumbra me permitiu vislumbrar, havia um corredor com janelinhas baixas, abertas na parede, nas quais eram expostos traseiros despidos de homens acocorados, de rostos invisíveis — garantindo o mais rigoroso anonimato —, para que os passantes deles se servissem. Na entrada da área íntima, uma seta indicava "Mary" para o lado onde estavam os traseiros e "John" para o corredor.

Escaldado pela experiência prévia com os caubóis, decidi não mais correr o risco de ficar parado; movimentava-me devagar de um ambiente para outro, como se estivesse procurando um amigo. No início, a idéia me trouxe certa segurança; se mais alguém me abordasse, eu diria: "I'm just looking for a friend", mas logo senti que, sozinho num lugar daqueles, não mereceria o menor crédito, e fui embora para casa.

Duas semanas depois, ao sair do hospital no fim da tarde, vi um vulto de capote e chapéu de pele acenar e chamar meu nome, do outro lado da Primeira Avenida. Escurecera cedo, fazia dois graus e o vento atravessava sem cerimônia a capa emprestada do meu cunhado, o agasalho mais quente de que eu dispunha para enfrentar aquele dezembro. Só quando o autor do chamado cruzou a rua em minha direção e se desvencilhou do cachecol que lhe encobria o rosto, consegui identificá-lo: era um amigo ausente do Brasil havia muitos anos.

A conversa começou animada, com a descrição sumária de meu estágio no hospital e das atividades dele no mundo das artes plásticas — razão de sua mudança para os Estados Unidos —, mas foi logo interrompida pelo bom senso do interlocutor:

— Seu queixo está batendo. Vou encontrar um grupo de amigos brasileiros para jantar, por que não se junta a nós antes de congelar dentro dessa capinha de verão?

A mesa era cem por cento gay. Dez rapazes de trinta a quarenta anos, simpáticos, que zombavam uns dos outros e da própria homossexualidade, condição da qual falavam sem o menor vestígio de embaraço. Um deles me apresentou o garçom, do interior de Minas Gerais, tímido e educado:

— Esse é o Martins, heterossexual até hoje convicto, que em vão tento seduzir há mais de um ano. Toda vez que venho aqui, peço a mão dele em casamento. Já imaginou nossa festa no clube da cidade e a orquestra tocando "Serra da Boa Esperança, esperança que encerra, no coração do Brasil um punhado de terra"? — Cantava o trecho da música imitando a voz de Francisco Alves com perfeição.

Meio sem graça, o garçom heterossexual acrescentou com sotaque mineiro:

— Eu explico para ele que não adianta sonhar. Meus pais não saem da igreja, teriam dificuldade para aceitar a noiva.

O jantar foi uma festa cheia de humor e animação até a hora da sobremesa, quando meu amigo mencionou o estágio que eu fazia na enfermaria de pacientes com AIDS e a doença virou o tema da mesa. Era inacreditável a ignorância geral sobre o assunto; diziam coisas como: "Pra mim, quem tem cabeça boa não pega", "Só se infecta gente que não se alimenta bem", ou "Precisa ter tido muita moléstia venérea". Para o mais exaltado deles, a doença nem sequer existia: não passava de "coisa inventada pela administração Reagan para vilipendiar os homossexuais".

Freqüentavam saunas e bares gays como se o vírus simplesmente não andasse por esses locais. Quando tentei descrever as infecções dos doentes no hospital, fui interrompido por uma discussão política esdrúxula sobre o preconceito contra os homossexuais na sociedade americana. No final, perguntei se não tinham medo. Apenas dois confessaram que sim, os demais negaram, e ainda declararam não estar dispostos a mudar de estilo de vida por causa de uma possível enfermidade a respeito da qual nem os médicos se entendiam.

Subi a Quinta Avenida sozinho, em passos rápidos para espantar o frio. Na caminhada fui tomado por um pressentimento terrível: rapazes como aqueles voltariam para o Brasil e espalhariam o vírus nas comunidades gays dos grandes centros urbanos. Não tardariam a surgir usuários de cocaína injetável infectados, que juntamente com os bissexuais transmitiriam a infecção para as mulheres, fechando o círculo.

Nos cinco quilômetros avenida acima, o pressentimento se transformou em convicção: vai acontecer uma tragédia no Brasil! Como ninguém tinha percebido ainda?

Acho que nunca me senti tão solitário quanto naquela noite gelada.

"Regime higieno-dietético"

Em trinta anos de oncologia assisti à descoberta de drogas que revolucionaram o tratamento de alguns tipos de câncer, ao desenvolvimento de aparelhos computadorizados de radioterapia, dotados de precisão milimétrica, e a métodos radiológicos com sensibilidade para detectar imagens minúsculas em locais inacessíveis do organismo. Apesar de ainda não ser possível curar a maior parte dos que nos procuram com doença já em fase avançada e de termos evoluído muito pouco no tratamento de certos tipos de tumores malignos, a cancerologia é reconhecida universalmente como uma das áreas da medicina que mais progrediram no século XX.

Por maior que tenha sido a relevância desses avanços tecnológicos, no entanto, tenho convicção absoluta de que nem a soma deles se compara ao impacto gerado a partir de uma simples mudança na filosofia de atendimento introduzida pelos oncologistas clínicos de minha geração: considerarmos nossa a responsabilidade de cuidar até o fim dos doentes incuráveis.

Não era assim quando comecei, no início dos anos 70: cancerologia era especialidade quase exclusiva de cirurgiões e radioterapeutas, profissionais pouco afeitos à atividade clínica, mal treinados naquela época para enfrentar os problemas dos doentes que não podiam mais ser operados ou irradiados.

Num de meus primeiros dias no Hospital do Câncer de São Paulo, ao abrir o prontuário do doente com câncer de pulmão que entraria em seguida, perguntei ao dr. Sebastião Cabral, residente de clínica, o significado da sigla RHD carimbada na folha de evolução:

— "Regime higieno-dietético", para identificar os casos em que nada mais há a fazer — respondeu ele.

A tradição do carimbo vinha do tempo em que o tratamento estava limitado à cirurgia e às máquinas de radioterapia; quando essas modalidades falhavam, era norma convocar os familiares para comunicar-lhes que não precisavam retornar com o doente, porque os recursos estavam esgotados. Os médicos receitavam analgésicos de rotina e consideravam encerrada sua participação no caso.

Esse procedimento não era caso isolado; fazia parte de uma política pragmática das instituições que atendiam doentes portadores de câncer no mundo inteiro: diante de recursos materiais limitados, sentiam-se forçadas a drená-los para o atendimento dos pacientes ainda passíveis de cura que aguardavam vaga nas filas de internação, antes que a espera os tornasse inoperáveis.

O "RHD" em questão naquele dia era um barbeiro de estatura baixa e bigodinho aparado com esmero, que havia recebido o diagnóstico de câncer de pulmão com metástases no fígado exatamente dois dias depois de conseguir a sonhada aposentadoria. Entrou no consultório deitado na maca, pálido como ninguém, seguido pela esposa e pela filha com um bebezinho no colo. Mesmo previamente advertidos para não fazê-lo, os familiares tinham decidido trazê-lo de volta ao Hospital do Câncer após várias tentativas de internação em hospitais públicos. Administramos um litro de soro para hidratá-lo e providenciamos uma transfusão de sangue, que terminou no final da tarde. Quando Cabral e eu voltamos para assinar a alta, ele estava sentado na maca, comendo um sanduíche que a filha tinha ido comprar no bar em frente. As mulheres agradeceram tantas vezes o atendimento prestado que ficamos até sem graça: afinal, só prescrevêramos soro e uma transfusão. Quando saímos, comentei com meu colega que era conduta medieval deixar uma pessoa atingir aquele estado deplorável, com a metade dos níveis aceitáveis de hemoglobina, pelo simples fato de apresentar uma doença incurável. Ele concordou inteiramente, mas lembrou que no dia seguinte o chefe do serviço reclamaria: "De hoje em diante, toda vez que esse doente passar mal, a família vai despencar em nossa porta. Já imaginou se todos os RHDs fizerem o mesmo? O hospital vira depósito de gente desenganada, não sobra leito para operar mais ninguém".

Fiquei confuso por muito tempo com essas argumentações antagônicas. De um lado, punha-me no lugar das famílias humildes que levavam para casa uma pessoa querida que iria deixar de comer, desidratar-se, enfraquecer de anemia e sentir dor sem receber assistência médica, tendo que correr para os prontos-socorros da cidade quando não soubessem mais o que fazer. De outro, procurava imaginar a angústia dos que estavam na fila com seus tumores crescendo, muitas vezes a olhos vistos, à espera de um leito para a cirurgia salvadora.

Tal contradição começou a ser resolvida dentro de mim anos mais tarde, graças a uma senhora de idade com quem falei uma única vez e de quem só lembro as palavras, as rugas no rosto e a expressão resignada. Foi numa noite em que estava no telefone do posto de enfermagem de um dos andares, quando escutei um gemido de dor na enfermaria ao lado, seguido de outros mais abafados, emitidos com a sonoridade inconfundível das reações às dores mais intensas.

Desliguei e fui ver o que se passava. Na enfermaria, encontrei um homem ainda não velho, de rosto crispado, muito magro, encolhido no leito vizinho à janela, segurando a mão da tal senhora. Peguei o prontuário e pedi que a enfermeira aplicasse uma dose de morfina, o melhor analgésico para essas situações, infelizmente empregado com parcimônia injustificável pela maioria dos médicos, até hoje. Meia hora depois, antes de ir para casa, voltei para vê-lo. Dormia tranqüilo, agora com as duas mãos entre as da senhora sentada ao lado. Recomendei a ela que chamasse a enfermagem para aplicar nova dose de morfina ao menor sinal de que as dores pudessem retornar. Ela prometeu que o faria e acrescentou, com sotaque do interior paulista:

— Vá com Deus, doutor. Seja abençoada a sua profissão, que Deus criou para aliviar o sofrimento da gente.

Por vergonhoso que possa parecer, dez anos depois de formado, nunca me havia ocorrido refletir sobre a finalidade de minha profissão. Para que serve a medicina? Se me perguntassem, provavelmente teria respondido ingenuamente que ela existia para curar pessoas, ignorando diabetes, hipertensão, reumatismo, os derrames cerebrais e tantas enfermidades crônicas. Pior, sem levar em conta sequer os doentes incuráveis que me procuravam.

Fiquei com raiva de mim mesmo e de todos os médicos onipotentes, que se atribuíam o papel exclusivo de salvadores de vidas, pretensão equivocada da razão de existirmos como profissionais, justamente como havia acabado de lembrar com tanta simplicidade aquela senhora.

Tive vontade de percorrer as faculdades de medicina para dizer aos alunos, no primeiro dia de aula, o que nunca ouvira de meus professores: na medicina, curar é objetivo secundário, se tanto. A finalidade primordial de nossa profissão é aliviar o sofrimento humano.

Haver entendido o papel do médico me ajudou muito na resolução do dilema da disputa de leitos entre os casos avançados, incuráveis, e os casos de portadores de tumores passíveis de ressecção. A necessidade imperiosa de cirurgia destes poderia ser assegurada, desde que a ênfase dos cuidados com os outros fosse desviada para o tratamento ambulatorial.

O tempo demonstrou que os doentes nas fases mais avançadas, acompanhados com a devida atenção, podem receber no ambulatório a maioria dos tratamentos necessários para assegurar-lhes condições de vida mais dignas: hidratação, transfusões de sangue, quimioterapia, modificações de esquemas analgésicos e demais medidas de suporte. Além do mais, mantê-los em casa entre os familiares é conduta muito mais humana do que fazê-los passar internados os últimos dias de suas vidas.

A crescente elevação dos custos hospitalares ocorrida nos últimos trinta anos colaborou decisivamente para a adoção desse tipo de procedimento e para a implantação de programas ambulatoriais de cuidados paliativos nos hospitais-escola e nos grandes centros de oncologia de diversos países.

Passados mais de vinte anos da conversa com a senhora no Hospital do Câncer, ainda lembro dela com gratidão.

A longa jornada

A alegria de curar alguém de uma enfermidade potencialmente fatal é incomparável. Em nosso imaginário, salvar a vida do próximo à custa de uma intervenção pessoal tem o significado de um ato heróico, de uma ação altruística que nos reforça a auto-estima e a vaidade. A felicidade ao ouvir alguém dizer que se curou em nossas mãos é tanto mais completa quanto maior a gravidade do caso, mais competência tivermos demonstrado em sua condução e maior o envolvimento emocional com aquele doente. A sensação transmitida pelo brilho do olhar de uma pessoa encontrada ao acaso que nos diz ter sido curada por nós só pode ser compartilhada integralmente com quem já viveu essa experiência. Talvez seja essa a razão pela qual nós, médicos, gostamos tanto de contar uns para os outros as histórias de nossos pacientes.

Há muito tempo, no Hospital do Câncer, recebi um doente de trinta e oito anos chamado Olindo, funcionário do Banco do Estado, com a perna direita muito inchada e com diversas ínguas volumosas na virilha direita, duras, dolorosas, fortemente aderidas aos planos profundos. Contava ter retirado dois anos antes uma pinta na coxa do mesmo lado, que não fora encaminhada para exame microscópico, erro grave cometido com freqüência revoltante pelos médicos daquele tempo. A biópsia de uma das ínguas revelou que se tratava de uma metástase de melanoma maligno, tumor que costuma se originar justo em pintas da pele. Não havia razão para duvidar do diagnóstico, portanto; mesmo porque havíamos omitido dos patologistas a história da retirada prévia da pinta na coxa, exatamente para não sugestioná-los.

Como as ínguas da virilha estavam fixas nos tecidos internos e não podiam ser operadas (conduta ideal nesses casos), explicamos a ele, na presença da esposa, que a única alternativa seria tentar um esquema de quimioterapia. Ao fazer a sugestão, Narciso e eu procuramos poupá-los de nosso pessimismo em relação à resposta naquela situação provocada por um tumor avançado, muito pouco sensível às drogas então disponíveis.

Dois dias depois do primeiro ciclo de tratamento, no entanto, Olindo telefonou, animado: o inchaço da perna tinha desaparecido! Em duas semanas, quando retornou para o segundo ciclo, os tumores haviam regredido pelo menos à metade e se tornado móveis, passíveis até de retirada cirúrgica. Era a primeira vez que víamos um melanoma comportar-se favoravelmente daquela forma; ficamos tão surpresos que desconfiamos: "Isso não é melanoma que se apresente", disse Narciso, e descemos para discutir o caso com os patologistas.

A prontidão e a intensidade da resposta sugeriam o diagnóstico de linfoma, câncer de linhagem bastante sensível à quimioterapia, ao contrário dos melanomas. Nesse caso, a pinta de que suspeitáramos poderia ser inocente, mero complicador, sem nenhuma relação com o processo em curso.

Nossa hipótese, apesar de plausível, não convenceu os três patologistas que estudaram as lâminas. Para eles, era difícil definir o quadro microscópico, mas, ainda que o diagnóstico pudesse não ser o de melanoma, o de linfoma jamais seria; disso tinham certeza. Naquele tempo, os exames anatomopatológicos ficavam restritos à experiência dos olhos do observador; não havia os reagentes especiais de hoje, capazes de corar com menos subjetividade e mais precisão detalhes do tecido tumoral indicativos de sua procedência.

Um aforismo, repetido nas escolas médicas para orientar condutas quando achados laboratoriais contradizem dados clínicos, preconiza que nesses casos "a clínica é sempre soberana". Esse conselho, entretanto, se aplicado sem discernimento, pode induzir a erros gravíssimos quando a observação clínica estiver equivocada, os dados laboratoriais indicarem possibilidades que não foram consideradas ou nas situações em que nos falta conhecimento técnico para conciliar dados aparentemente conflitantes.

Baseados na experiência de nunca termos visto um caso de melanoma com semelhante sensibilidade à quimioterapia e amparados na propalada soberania da clínica, programamos o ciclo seguinte com as drogas mais ativas que existiam para tratar linfomas, numa espécie de tudo ou nada. A resposta foi dramática: uma semana depois já não conseguíamos mais palpar os tumores da região inguinal. Ficamos tão contentes com o acerto da iniciativa que transmitimos ao doente e à esposa uma visão do quadro muito mais otimista que a anterior; acenamos, inclusive, com a possibilidade de cura definitiva.

No dia seguinte, ela telefonou para confirmarmos o que lhes disséramos. Já conformada com a perda do marido, como lhe haviam assegurado anteriormente todos os médicos, revelou ter passado a noite em claro, sem saber o que pensar a respeito da reviravolta do quadro; imaginou que estivéssemos mentindo apenas para animá-lo a continuar lutando. Foi um custo convencê-la da sinceridade de nosso otimismo.

Depois de seis meses, a quimioterapia foi encerrada. Na cidade de interior onde viviam, o boato da morte iminente de

Olindo se espalhou de tal forma que meses mais tarde, quando ele assinou um cheque num posto de gasolina, o frentista foi consultar o gerente e voltou dizendo que infelizmente não podia aceitá-lo, porque o emitente era um homem já falecido. Olindo recusou a alta que lhe demos depois de dez anos de acompanhamento, e retorna anualmente para revisão médica. Quando entra no consultório, tem sempre um sorriso no rosto, extensivo a todos os presentes, das secretárias ao ascensorista. Gosto de vê-lo sorrir ao referir-se aos perigos pelos quais passou, apesar de já os conhecer de cor. Não me canso de ouvi-lo contar histórias do tempo em que se preparou para deixar este mundo e, a julgar pelo número de vezes que Narciso lhe pede que repita na frente de terceiros o caso do cheque, percebo que o mesmo se passa com ele.

O encontro anual mantém nossa amizade viva. Apesar da distância e da diversidade de interesses, temos uma relação de amigos íntimos, daqueles com quem se pode desabafar sem preocupação com mal-entendidos ou julgamentos de valor. Numa das consultas eu lhe disse que vê-lo sorridente à entrada do consultório me fazia muito bem. Ele respondeu:

— Quando chego aqui, parece que fico bobo e tenho vontade de rir. O senhor e o dr. Narciso sabem por quê, mas outra pessoa nunca entenderia.

Realmente, só quem teve o privilégio de acompanhar um paciente em tais circunstâncias pode fazer idéia do significado dessa vontade de rir. Não é à toa que a arte de curar atrai tantos jovens para a profissão e monopoliza o interesse da maioria dos médicos. Mas perseguir a cura a qualquer custo, como objetivo único, não é necessariamente uma característica do bom profissional, porque pode implicar desinteresse pelos que não serão curados e justificar a adoção de atitudes prepotentes para induzir as pessoas a se submeterem a tratamentos contrários a suas necessidades individuais, podendo mesmo levar o médico a ceder à tentação de satisfazer suas vaidades, desejos de ascensão social e delírios de grandeza. Nesse sentido, o exercício da oncologia é uma lição permanente de humildade. Nem bem acabamos de nos encher de orgulho ao comemorar a resposta brilhante de um doente a um esquema de tratamento engenhosamente escolhido, entra o seguinte com o mesmo diagnóstico, tratado da mesma forma, morto de falta de ar, cheio de dores, como se tivesse tomado água em vez dos remédios prescritos.

Embora a arte de curar exija conhecimento técnico acurado, sensibilidade humana para auxiliar o doente na escolha do tratamento mais adequado, e carisma para transmitir-lhe esperança e coragem para enfrentar as adversidades que se apresentarem, tratar de alguém com uma doença curável é muito mais fácil que tratar dos incuráveis. Para curar, muitas vezes a técnica basta; mas, para conseguir que um doente viva o máximo de tempo com a menor carga de dor e encontre a morte com tranqüilidade, é preciso muito mais. A tarefa demanda não só conhecimento científico, mas compreensão da alma humana em profundidade apenas acessível aos que se dedicam com empenho ao penoso processo de aprendizado que o contato repetido com a morte traz.

Tratar alguém que de antemão sabemos dispor de pouco tempo de vida tem características muito peculiares: a estratégia precisa ser cuidadosamente planejada, levando em conta riscos, benefícios e as expectativas daquela pessoa em particular, para que não seja desperdiçado nenhum dia com os efeitos indesejáveis impostos por medidas prescritas com a finalidade teórica de melhorar sua saúde. Enquanto os doentes curáveis disporão de anos para se recuperar das conseqüências deletérias do tratamento, os incuráveis não podem se dar ao luxo de malbaratar uma hora sequer; esperam nossa ajuda para conseguir a melhor qualidade de vida que puderem ter, e para viver o maior tempo possível.

Decidir a cada momento o caminho ideal para atender a esses dois interesses é a tarefa mais complexa da medicina.

De mãos dadas

Não sei como pessoas com personalidades e interesses tão desiguais permaneciam casadas havia quinze anos. Conheceram-se quando ela chegou ao Brasil para viver com o pai, logo após a morte inesperada da mãe. Era formada em literatura, com tese defendida na Universidade de Coimbra sobre a representação dos costumes da burguesia do século XIX na obra de Eça de Queirós.

O marido, um homem empertigado como os galãs americanos dos anos 40, que não perdia oportunidade de citar com intimidade nome e sobrenome de toda pessoa por ele considerada socialmente influente, tinha dez anos mais que ela.

Nas primeiras consultas, acompanhou-a; depois, nunca mais. Desconfio que a recomendação para não voltar tenha partido dela própria, visivelmente aborrecida com suas intervenções impertinentes e sua obsessão em minimizar a gravidade do caso através de comentários fúteis, na vã esperança de dissuadi-la de tomar consciência da incurabilidade da doença.

Durante um ano, ela veio à clínica para receber tratamento quase toda semana. Tinha o ar tristonho de minha avó materna e de outras mulheres portuguesas que conheci na infância, amenizado pelo bom gosto na escolha das roupas e dos lenços coloridos usados para esconder a falta de cabelo. Seu sorriso aberto, acontecimento esporádico, deixava escapar uma sensualidade fugidia, logo aprisionada pela contração involuntária do cenho.

Uma vez perguntei ao Fernando se podíamos fazer alguma coisa para ajudá-la a livrar-se daquela tristeza. Ele duvidou que fosse possível:

— A doença não muda a personalidade de ninguém, apenas ressalta os traços característicos de cada um.

Durante as aplicações de quimioterapia, permanecia calada, invariavelmente concentrada numa leitura. Quando o Fernando ou eu passávamos para conferir o gotejamento do soro, dar qualquer orientação ou fazer alguma graça para distraí-la, levantava os olhos castanhos do livro, sorria com doçura e voltava ao estado anterior. Mas, quando era o Narciso que passava, seu sorriso aparecia desarmado, a expressão tornava-se mais juvenil, reação que ele justificava com base em origens culturais: os pais dele eram de Trás-os-Montes, a mesma região de Portugal em que os dela haviam nascido.

Depois de um período de resposta favorável ao tratamento, no qual ela conseguiu manter as atividades normais, a doença começou a provocar dores no fígado. Mudamos as drogas utilizadas, porém a melhora foi mais lenta do que esperávamos.

Três meses recebendo o novo esquema, ela apareceu sem o inseparável lenço colorido: o cabelo havia crescido dois ou três centímetros, o suficiente para ser exposto. Fui o primeiro a vê-la; tinha um ar de menina sapeca. Em seguida chegou o Fernando, e chamamos o Narciso pelo telefone interno:

— Venha ver que moça bonita está aqui com a gente!

Quando entrou, ele disse:

— Nossa!

Depois sorriu sem jeito, porque ela, contrariando a sisudez habitual, tomou a liberdade de dar um toque com a ponta dos dedos no seu braço, como a repreendê-lo pelo espanto manifestado.

A trégua dessa vez foi curta. Na tarde em que a internamos, caiu uma tempestade. Fui vê-la com o Narciso: estava com um cateter de oxigênio, muito sonolenta, mas orientada a ponto de abrir os olhos e murmurar que as duas moças sentadas no sofá ao lado eram suas primas. Narciso perguntou se sentia dor ou algum desconforto.

— Não — disse ela —, apenas medo.

E, pegando na mão dele, pediu:

— Fica um pouco comigo?

— Se for para o medo passar, fico até amanhã — respondeu ele, e puxou uma cadeira.

Fui ver outros doentes e voltei quase uma hora depois. A cena permanecia idêntica: as duas moças no sofá, a chuva forte na janela e Narciso ao lado da cama. A diferença é que ela estava inconsciente, sem pulso palpável nem pressão arterial audível, mas ainda segurava firme a mão dele.

À noite telefonei para saber do Narciso como tudo havia terminado:

— Nem bem você saiu, os dedos dela perderam a força, e a mão caiu inerte ao lado da minha.

Inveja

Do canto em que me encontrava, pude admirá-la com discrição. De vestido claro, cabelo curto e olhos verdes que coloriam o rosto sem maquiagem, ela tomava uma xícara de chá no intervalo anterior ao segundo ato d'*O baile de máscaras*, no primeiro andar da Ópera de Estocolmo, um salão com paredes, teto e ornamentações reluzentes de ouro.

Subitamente, o ar pensativo se transfigurou num sorriso que iluminou a sala. Fiquei de tal forma encantado por ela, que só percebi a quem a expressão de alegria se destinava quando um rapaz loiro chegou perto o suficiente para beijá-la. De terno cinza-escuro, camisa branca de gola rulê, corpo esguio e traços herdados dos ancestrais vikings, ele estava à altura da beleza da moça; pareciam um casal de artistas de cinema.

Depois do beijo, conversaram animadamente durante todo o intervalo. Fiquei curioso a respeito deles. Quanta diferença haveria entre nascer num lugar sem gente pobre como Estocolmo e num bairro operário de São Paulo? Se eu tivesse recebido a mesma educação e fosse tão bonito quanto aquele rapaz, minha vida teria sido mais fácil? Mais feliz?

Sozinho, no burburinho polido das pessoas bem-vestidas do salão de ouro, senti uma inveja como as da infância, difícil de entender. Queria ter tido as mesmas oportunidades e ser bonito como ele, mas sem deixar de ser quem sou, encarnar meu espírito em seu corpo por um tempo, viver travestido na sua pele, naquele país culto, organizado, sem miséria por perto, atraindo olhares admirados das mulheres.

Terminada a ópera, voltei debaixo de uma garoa fina para o pequeno apartamento de hóspedes que o Instituto Karolinska me cedera, durante o estágio hospitalar a convite dos velhos amigos Ulrich Ringborg e Sam Rotstein. Cheguei com as meias ensopadas e com tanto frio que corri para tomar banho, projeto imediatamente frustrado pelo mau humor do chuveiro, que se recusou a deixar cair sequer um pingo de água quente. Agasalhei-me o quanto pude e sentei junto ao aparelho de calefação, com saudades de estar em casa ao lado de minha mulher.

Naquele estágio passei por várias clínicas, nas quais acompanhava consultas ambulatoriais e visitas à enfermaria. Um dos serviços visitados atendia pacientes portadores de linfoma, tipo de câncer que geralmente se manifesta sob a forma de gânglios aumentados no pescoço, axilas, virilhas, e nas regiões internas em que essas estruturas estão concentradas. O chefe do grupo se chamava Bo Johanson, tinha pouco mais de cinqüenta anos e era tão míope que sem óculos não conseguia enxergar a caneta em cima da mesa. Bo se distinguia não apenas pelo conhecimento da especialidade, mas pelo hábito de fumar dois maços de cigarros por dia, raridade entre médicos na Escandinávia.

Sua notória dependência de nicotina era folclórica entre os colegas; contavam que uma vez, depois de ter permanecido por quatro horas na sala de cirurgia, deu uma tragada tão profunda que consumiu dois terços do cigarro. Noutra ocasião, em noite de insônia, já tendo percorrido a cidade a pé atrás de um bar aberto, tocou a campainha na casa de um amigo fumante às duas da madrugada, liberdade intolerável entre suecos. A esposa atendeu, à janela:

— O que o senhor deseja a esta hora?

— Dois ou três cigarros para um paciente meu que está passando muito mal.

Nossa rotina no ambulatório era rever o prontuário do doente, antes de chamá-lo. Religiosamente, a cada três atendimentos ele interrompia solene: "Time for a cigarette", e saíamos para o jardim, numa temperatura abaixo de zero. Eu ainda tomava o cuidado de vestir o capote, ele não. Discutíamos os casos vistos, enquanto a brasa do cigarro não encostava no filtro, ou até meu queixo começar a bater e os lábios congelados a embaralhar as palavras. Nessa hora, ele fazia alguma referência jocosa ao baixo limiar de regulação térmica dos habitantes dos trópicos, e dava a última tragada, com gosto. Apesar do rosto afogueado pelo vento e das mãos roxas, era impressionante como conseguia resistir, fleumático, só com o avental por cima da camisa.

Numa das manhãs, atendemos a um dos primeiros refugiados políticos do Chile a chegar a Estocolmo. Fiquei comovido com a situação do rapaz, com quem tive oportunidade de conversar por alguns minutos, enquanto Bo saiu da sala para cuidar de um doente internado. Era um engenheiro de trinta e dois anos que perdera a esposa e o irmão mais velho, aprisionados no estádio de futebol de Santiago, nos primeiros dias da ditadura Pinochet. Desesperado ao saber das mortes, empreendeu com documentos falsos uma longa fuga para Mendoza, na Argentina, onde se asilou na representação da Suécia. Dois meses depois de desembarcar em Estocolmo, mal havia conseguido emprego na construção civil, notou a presença de um tumor de crescimento rápido na axila direita. Como a previdência social daquele país garante igualdade de direitos aos asilados políticos, estava sendo acompanhado no Instituto Karolinska com as regalias de qualquer cidadão sueco.

Em relação aos cuidados recebidos não tinha queixas: pelo contrário, reconhecia que não teria acesso a tantos recursos e competência profissional em Santiago. Seus problemas eram de ordem emocional:

— Estou doente, sozinho, neste frio de Estocolmo, sem poder voltar para o meu país. De minha família sobraram meus pais, já velhos, a quem poupei de mais este desgosto, e alguns primos e tios com quem perdi contato há anos. Escapei da morte certa no Chile, mas já nem sei se foi sorte. Será que não é mais triste morrer solitário, numa enfermaria de um país estranho?

Dei a ele meu telefone no hospital e me pus à disposição para o que julgasse necessário. Insisti que não deixasse de me chamar em caso de dúvida ou mesmo para conversarmos num fim de tarde. Quando virou as costas, senti a inutilidade do oferecimento: em poucos dias eu não estaria mais lá! Graças a Deus tinha para onde voltar, pensei sem querer, e esse pensamento me trouxe alívio.

Mais dois ou três cigarros fumados por Bo em minha companhia congelada, e folheamos um prontuário grosso como uma lista telefônica. Era um caso de linfoma de evolução lenta, controlado por ele fazia oito anos com tratamentos conservadores que induziam remissão completa dos sintomas e dos gânglios aumentados, sem muitos efeitos colaterais, mas não curavam a enfermidade. As duas primeiras remissões duraram dois anos, mas as subseqüentes foram gradativamente mais curtas; a última delas fora mantida por apenas dois meses. Desconfiado de que a doença dessa vez tinha se transformado numa variedade mais grave, Bo tomara a precaução de pedir biópsia de um dos gânglios cervicais. O resultado anexo ao prontuário confirmava as piores suspeitas: o linfoma sofrera transformação num tipo de alta agressividade.

Bo perguntou minha opinião sobre o caso. Argumentei que o único tratamento com alguma chance de levar à cura seria um transplante de medula óssea, procedimento novo na época, porém só exeqüível se o paciente tivesse um irmão ou uma irmã para servir de doador; sugestão de nenhuma valia, porque o rapaz era filho único. A alternativa seria tentar novos esquemas de drogas que pelo menos pudessem controlar a doença por algum tempo.

Quando a enfermeira abriu a porta, custei a acreditar: o doente era o rapaz bonito da ópera! Como naquela noite, usava camisa de gola alta para encobrir os gânglios saltados e a cicatriz da biópsia.

A obsessão de seu Elias

Quando dona Esmeralda contava que tinha setenta anos na presença do Fernando, meu irmão, ele a repreendia: "Não seja boba, diga sessenta!". Se dissesse, de fato não faria má figura: tinha o rosto quase sem rugas.

Seu Isidoro, o marido, jamais deixou de acompanhá-la às consultas e a quantos lugares foram necessários por causa da doença, comportamento inusitado entre os homens. Quando foi hospitalizada, ele chegava às seis da manhã e só arredava pé às onze da noite, enxotado por ela, preocupada com as noites maldormidas do esposo hipertenso. Difícil ver um casal que se entendesse e se respeitasse como aquele, apesar dos temperamentos opostos: dona Esmeralda era extrovertida, contadora de casos, gostava de sair com as amigas, usar roupas coloridas; seu Isidoro, caseiro, metódico, discreto no vestuário, media as palavras antes de pronunciá-las. Por isso, ela comparava a harmonia em que viviam ao prosaico arroz e feijão:

— Separados são diferentes; misturados, combinam tanto que a gente não enjoa.

Formavam uma parceria engraçada, porque ela falava pelos dois e não perdia oportunidade de provocá-lo com alguma referência a sua personalidade taciturna. Ele sorria ou balançava a cabeça, complacente, mas, de quando em quando, emitia uma interjeição ou fazia um pequeno comentário de acurado senso de humor. Nessas ocasiões, ria ela e quem estivesse por perto. Uma vez, depois de descrever com detalhes a casa em que moravam, dona Esmeralda perguntou-lhe por que não acrescentava nada à sua descrição:

— Estava esperando você parar para respirar — respondeu ele, sério.

Outra vez, tendo contado uma aventura que seu Isidoro vivera antes de conhecê-la, a qual, entre outros detalhes relatados, incluía uma batalha de flechas entre índios rivais entrincheirados nas margens opostas de um rio na Amazônia, onde ele fazia um estudo de prospecção geológica, ela reclamou:

— Tudo se passou com ele, mas eu é que preciso contar, porque há quarenta anos vivo com um túmulo dentro de casa.

— Não perco a esperança de contar essa história, se um dia você deixar.

Dona Esmeralda foi internada quando a doença chegou ao estágio final. Enfraquecida, menos falante, ainda fazia planos e mantinha em relação ao futuro um otimismo descabido, difícil de entender numa pessoa esclarecida como ela. Atribuímos sua atitude ao processo de negação, tão freqüente na fase terminal, e procuramos poupá-la de explicações que lhe dessem noção exata da evolução desfavorável.

Nessa fase, apareceu no consultório um senhor árabe de bengala e cabelos brancos. Sentou-se na minha frente, pouco à vontade:

— Em que posso ajudá-lo? — perguntei.

Ajeitou-se na cadeira, apertou minha mão timidamente, disse que se chamava Elias e continuou, em tom pausado:

— Não estou doente, marquei consulta para lhe fazer um pedido: convencer sua paciente Esmeralda a receber minha visita. Se ela morrer sem que eu a veja, não vou me perdoar.

— Por que o senhor não fala diretamente com ela?

— Ela não atenderia ao telefone. Fomos casados durante cinco anos e nos separamos por incompatibilidade de gênios. Nunca mais consegui tirá-la da cabeça, penso nela todo santo dia.

— Os senhores tiveram algum contato? Como soube que ela está doente?

— Não a vejo há quarenta e três anos. Foi melhor para nós! No fim de semana, a mulher de um amigo me pôs a par dos problemas dela e me deu o seu nome, doutor. Desde então, não penso noutra coisa senão em vê-la pela última vez.

— Posso falar, mas a decisão é dela, como o senhor sabe.

— Preciso de sua ajuda; serei eternamente grato. Explique que não pretendo falar do passado, nem dizer o quanto sofri quando ela me abandonou, só quero olhar para ela. Nada mais!

Fiquei tocado pela amargura em sua expressão. Estranho imaginar que dona Esmeralda um dia tivesse casado com outro homem.

Na manhã seguinte, fui para o hospital decidido a fazer o que o senhor árabe havia solicitado. Estavam ela e o marido no quarto. Com a máxima delicadeza, perguntei a ele se podia nos deixar a sós durante quinze minutos.

— Até por mais tempo — respondeu seu Isidoro, que ainda não tinha tomado o café-da-manhã.

— Dona Esmeralda, ontem fui procurado por um senhor que disse ter sido seu primeiro marido.

Ela arregalou os olhos:

— Ele está vivo?

— Parecia bem de saúde, e me encarregou de lhe fazer um pedido. Não tenho como deixar de atendê-lo, a menos que a senhora nem queira ouvir.

— O que ele deseja?

— Ver a senhora. Diz que não falará sobre o passado.

Ela ficou calada, olhos perdidos no teto, enigmáticos. Depois me pediu que levantasse a cabeceira da cama.

— Se o senhor tem mesmo os quinze minutos, sente. Vou lhe contar uma história:

Elias foi meu segundo namorado. Tinha trinta anos quando o conheci, dez mais do que eu. Fazia questão de repetir todos os dias, em particular ou na frente dos outros, que nunca vira mulher tão encantadora. Na terceira vez em que saímos, ganhei um anel de ouro; para comemorar trinta dias de namoro, um colar de pérolas verdadeiras; passados três meses, estava na sala de casa me pedindo em noivado para meus pais. Nunca imaginei que um homem pudesse tratar uma mulher com tanta consideração. Coitado, havia chegado ao Brasil aos dezoito anos, sozinho, depois de perder a mãe viúva na Síria. Dizia que eu devia ser um anjo enviado por ela para iluminar o caminho do filho. Fiquei apaixonada, era uma princesa ao lado daquele homem amoroso, incapaz de um gesto rude. Casamos em seis meses.

Quando voltamos da lua-de-mel, fomos ao aniversário da esposa de um patrício dele, rapaz simpático, com sotaque forte, que contava casos muito engraçados. Eu, brincalhona desde criança, ri muito naquela noite; mas não fui a única, todo mundo se divertiu. Menos o Elias, que passou a festa emburrado e fez questão de irmos embora cedo, contra minha vontade.

No caminho perguntei a razão do mau humor. Foi o começo do inferno! Ele ficou transtornado, aos berros disse que eu não sabia me comportar, que jogava a cabeça para trás quando ria só para provocar os homens, que meu vestido era curto, mais decotado do que devia, e por aí afora. Fiquei chocada, porque até aquela noite ele tinha sido um cavalheiro impecável.

Acordei de manhã com os olhos inchados de chorar. Quando me viu, ele ajoelhou a meus pés, jurou ter armado aquela cena porque estava enlouquecido de paixão por mim, porque eu era maravilhosa e encantava os homens a minha volta; não que fosse culpada, admitia, mas por ser ingênua: não tinha noção da sensualidade que emanava de meu corpo. No fim, pediu apenas que eu prestasse atenção, fosse mais reservada na frente dos homens, para que não levassem a mal minha espontaneidade. À noite, chegou com dois pingentes de ouro, lindos.

Naquele tempo éramos educadas para ser discretas e acomodadas. Na minha inexperiência, achei que ele talvez tivesse razão: se algo em mim despertava cobiça nos homens, precisava mesmo tomar cuidado. Não tinha a menor intenção de magoar meu marido, estava apaixonada; solicitei até que ele me alertasse ao notar algum comportamento desavisado de minha parte.

Elias tomou o pedido ao pé da letra, e lentamente aumentou a pressão para mudar minha personalidade. No início, implicava com o decote de um vestido, com a espontaneidade de uma reação em público, com o fato de eu falar com o garçom. Com o tempo, eu trocava de roupa três ou quatro vezes antes de sair, até encontrar uma do gosto dele; nos restaurantes, quando não havia mesa disponível num local que me deixasse de frente para a parede, nem entrávamos; ir à padaria ou à quitanda ficou por conta da empregada, a menos que eu estivesse disposta a enfrentar duas horas de discussão.

Contando assim, o senhor vai achar que eu era submissa demais. Talvez fosse, mas no casamento as restrições não são impostas de um dia para outro; acumulam-se na rotina diária sem que a gente se dê conta: as brigas entremeadas de declarações de amor, pedidos de perdão, presentes apaixonados. Nos momentos de reconciliação, ele dizia com ternura não pretender destruir em mim a sensualidade nem a vaidade feminina; desejava ape-

nas que essas qualidades fossem reservadas exclusivamente para o homem que me amava acima de todas as coisas. Por isso, comprava vestidos vermelhos, minissaias e blusas decotadas capazes de fazer corar uma prostituta. Na hora de sair, ele me queria vestida de freira, sentada de costas para os homens; na volta, ao fechar a porta, implorava que eu soltasse os cabelos, vestisse aquelas roupas escandalosas e dançasse para ele no meio da sala.

Fiquei completamente perdida durante quatro anos de casamento. No quinto, começou a tomar corpo em mim a idéia de que a paixão existente entre nós havia se transformado. Estávamos doentes: ele por ter se deixado levar por aquela loucura, eu por me submeter a ela. Quando isso ficou claro, quis voltar para a casa dos meus pais, mesmo contra a vontade deles, que não admitiam a hipótese de ter uma filha desquitada, mas o Elias ficou alucinado, ameaçou cortar os pulsos, dar um tiro no peito, suplicou perdão, jurou pôr fim àquela obsessão possessiva e fez mil promessas nunca cumpridas.

Essas idas e vindas continuaram até a situação chegar ao limite; achei que nunca me libertaria daquela opressão angustiante e acabaria louca. Foi a sorte! O instinto de sobrevivência falou mais alto: se ele se opunha à separação, só me restava a alternativa de fugir.

Numa segunda-feira, com a ajuda de uma prima, finalmente criei coragem: esperei Elias sair para trabalhar, juntei algumas roupas na mala e fui embora antes de receber o primeiro telefonema do dia, dado religiosamente assim que ele pisava na loja. Enquanto esperava o elevador, o telefone tocou sem parar.

Tomei um ônibus para o Rio Grande do Norte, onde o marido dessa prima tinha parentes que se dispuseram a me receber em segredo. Lá, três anos depois, conheci o Isidoro.

— O que devo dizer para seu Elias?

— Que não venha!

— A senhora tem certeza? Ele disse que desejava apenas vê-la.

— Doutor, não sei quantos dias ainda estarei por aqui, mas serão poucos. Procuro fingir que não percebo, para não entristecer ainda mais o Isidoro. Quero aproveitar todo o tempo ao lado desse homem que só me fez bem. Não quero desperdiçar nem um minuto com alguém capaz de me trazer lembranças desagradáveis nesta hora.

Quando cheguei ao consultório, seu Elias me aguardava com o rosto abatido. Levei-o até minha sala:

— Não tenho boas notícias. Ela não quer vê-lo, disse isso com tanta convicção que, se eu fosse o senhor, não insistiria.

Ele pôs a cabeça entre as mãos e chorou sem emitir nenhum som. Desviei o olhar para baixo, em respeito a sua dor. Quando conseguiu se controlar, tirou um lenço amassado do bolso do paletó, enxugou as lágrimas, pediu desculpas e foi embora, apoiado na bengala.

Solidariedade

Como regra, as mulheres são muito mais solidárias com os homens doentes do que eles com elas. No consultório, em cada dez mulheres que comparecem regularmente para receber quimioterapia, no máximo uma vem acompanhada pelo marido ou por um filho; nove chegam sozinhas ou com outra mulher ao lado. Nos hospitais, o fenômeno se repete: raro ver um homem fazer companhia a um paciente, em tempo integral.

Para livrar-se da função de acompanhante, a principal justificativa masculina são os compromissos profissionais inadiáveis: gostariam muito de ficar com a esposa ou mãe enferma, mas durante o dia não podem faltar ao emprego e, à noite, como dormir no sofá incômodo destinado ao acompanhante e agüentar a luta do dia seguinte?

Os que não dispõem desse álibi lançam mão de estratégias variadas: é lógico que prefeririam estar junto para ajudar, apenas não o fazem porque são impressionáveis, impacientes, sensíveis à dor da pessoa querida a ponto de caírem em depressão profunda, ou simplesmente desajeitados, inúteis para prestar o menor auxílio.

Pela semelhança com outros casos, reproduzo o diálogo entre um rapaz de terno e a mãe ictérica, que fora hospitalizada por obstrução das vias biliares causada por um tumor avançado, com dores abdominais difíceis de controlar. Ouvi-o enquanto preenchia o prontuário e as requisições de exames ao lado do leito.

— Mãe, desculpe não ter vindo esses dias, mas não pude largar o escritório; um de meus colegas ficou doente.

— Estava com saudades, mas não tem importância, filho, suas irmãs passam o tempo todo comigo.

— A senhora está com uma cara melhor, mais corada...

— Não sinto melhora. As dores estão mais fortes, e o único analgésico que acaba com elas me deixa enjoada o dia inteiro.

— E não é melhor sentir um pequeno enjôo do que dor? A senhora devia dar graças a Deus de existir um remédio assim.

A meu lado, no sofá, a filha de óculos levantou os olhos do tricô:

— O problema é que, enjoada, ela dá duas ou três garfadas e larga o prato.

— A senhora precisa se alimentar — disse o rapaz. — Sem comer, como quer ficar boa?

— Mas não consigo!

— É questão de não ser teimosa e ter força de vontade: tome o remédio; se vierem as náuseas, pense positivamente e vá comendo bem devagar.

— Você pensa que é fácil!

— Mãe, esse seu pessimismo só prejudica — acrescentou, com um toque de irritação. — Sua aparência está melhor, e, se o remédio tira as dores, é porque elas não são tão fortes, não é verdade?

— Já nem sei.

— Está vendo como a senhora reage negativamente? Claro que estão mais fracas, não estão?

— Vai ver que estão — respondeu, resignada.

— Assim é que se fala! Essa é minha velha mamãe — disse o rapaz, virando-se para mim com olhar triunfante —, mulher que criou três filhos viúva, sempre junto, cuidando da gente. Curvou-se sobre o leito e beijou-lhe a testa, precisava voltar ao trabalho. Nos dois dias seguintes não poderia visitá-la, mas viria no fim de semana; mais precisamente no domingo, porque sábado seu filho mais novo participaria de um campeonato de judô.

Há ocasiões, no entanto, em que a possibilidade de perder a mãe, a irmã ou a mulher amada desperta no homem instintos de proteção que não se manifestariam fosse outra a realidade.

Foi o caso de um jovem paraense encorpado, de óculos de aro grosso, que dez anos antes tinha vindo para São Paulo fazer um curso de especialização em informática, ao qual se seguiu um ano de estágio numa empresa multinacional, que terminou em contratação para o cargo de seus sonhos. Trazia os exames da mãe, realizados em Belém.

Depois de dois meses de queixas vagas, cansaço e fraqueza progressiva, ela fora internada com febre alta, tosse e muita falta de ar. Diagnosticaram uma pneumonia grave associada a anemia intensa provocada por um tipo de câncer disseminado pelo esqueleto.

Avisado pelo pai, o rapaz voou para Belém no mesmo dia e permaneceu no hospital por uma semana, até a mãe voltar para casa fora de perigo. A experiência de cuidar dela havia calado fundo:

— Meus pais são aposentados, têm sessenta anos, mas vivem acomodados como se fossem mais velhos. Depois de minha mudança para São Paulo, nossos contatos se limitaram ao telefonema dos domingos e a três ou quatro visitas por ano. Sou filho único, no início até chorava de saudade deles; com o tempo, porém, aceitei a separação como um fato inevitável, jamais conseguiria no Pará o emprego que tenho aqui. Nas últimas semanas, quando ficou claro que minha mãe não andava bem, comecei a telefonar diariamente, angustiado com a impossibilidade de estar perto dela. Quando me chamaram, encontrei-a na UTI com máscara de oxigênio; foi muito triste, fiquei em dúvida se era ela: pálida, muito magra, incapaz de se movimentar na cama sem auxílio. Achei que ia perdê-la, hipótese na qual nunca havia cogitado. Dois dias depois, quando ela voltou para o quarto, não saí mais de seu lado. Cheguei a dar banho nela. Mudou minha vida! O senhor já teve oportunidade de dar banho em sua mãe?

— Perdi a minha muito cedo.

— Mamãe é uma senhora educada nos moldes antigos, religiosa, recatada. Imagino o quanto deve ter lhe custado pedir ao filho que a banhasse, porque as enfermeiras não tinham paciência com suas dores ao fazê-lo. Ajudei-a a sair da cama e a amparei com todo o cuidado até sentá-la na cadeira embaixo do chuveiro. Tirei a camisola dela. Tinha as pernas e os braços finos como se fossem quebrar, os seios murchos, as costelas e as vértebras saltadas. A nudez diante de mim, que noutra situação talvez a matasse de vergonha, não lhe causava desconforto aparente. Com uma esponja de espuma, e o carinho de quem tem nas mãos a porcelana mais preciosa do mundo, ensaboei-a dos pés à cabeça. Depois, enxuguei-a com uma toalha felpuda especialmente trazida de casa.

O banho transcorrera em silêncio. Só depois de acomodá-la na cama, todo respingado, ele perguntou como a mãe se sentia.

— Maravilhosamente bem — respondeu ela, e em seguida pegou no sono.

— Fiquei olhando minha mãe de banho tomado, adormecida, e me senti em paz. Pensei quantas vezes ela vivera comigo aquela mesma sensação de dever cumprido, ao me dar banho e me colocar na cama. Os papéis tinham se invertido, no final da vida minha mãe era minha filha.

Lucy e o marido inglês

No final do curso de medicina, costumávamos nos reunir na casa de um amigo, o único casado de nosso grupo. Depois do teatro, cinema ou aniversário em família, era sagrado passar pela casa dele, na Vila Nova Conceição. Quando havia luz na janela da sala, considerávamo-nos automaticamente convidados a entrar, em companhia de quem estivesse conosco.

Ali, juntava-se um grupo heterogêneo de jovens médicos, jornalistas, artistas plásticos e um pessoal da área de ciências sociais da USP, em conversas que se prolongavam pela madrugada. Falávamos sobre o futuro do país, governado na época pelos militares, e sobre os destinos da humanidade.

Lá, tive o prazer de conhecer Lucy, neta de um dos fundadores do Partido Comunista em São Paulo. Veio com o marido, arquiteto, recém-chegados da França; tinham recebido uma bolsa e estudado por dois anos na Sorbonne, sonho de todos nós naquele final da década de 60. O olhar sensual e a figura dela ao aparecer na soleira da porta, de calça boca-de-sino, blusa indiana semitransparente, cabelo curtíssimo, em contraste com os penteados duros de laquê em moda, olhos negros arregalados e sorriso desafiador, nunca mais se apagaram de minha memória.

A beleza não lhe era atributo isolado, a graça dos gestos ao falar encantava quem estivesse por perto. Havia assistido a filmes que nem sequer seriam exibidos no Brasil, lido autores desconhecidos de todos nós, e sabia denunciar com argumentos irrefutáveis a subserviência da mulher na sociedade brasileira. Foi a primeira feminista não estereotipada que conheci. Quando terminou a noite, estávamos apaixonados por ela; eu por certo mais que os outros, porque quase me derreti na despedida, quando ela me olhou demoradamente, sorriu sedutora e deu um beijo estalado em meu rosto.

No mesmo clima de encantamento, nós nos encontramos mais algumas vezes na casa daquele amigo, e depois nos perdemos de vista, o que lamentei na época.

Vinte anos mais tarde, Lucy entrou em meu consultório com o segundo marido, um inglês de cinqüenta anos, rosto corado e cabelo claro, gentil e bastante carinhoso com ela. Se não soubesse que ela viria, teria sido difícil reconhecê-la: tinha a face arredondada pela cortisona e uma cicatriz que dava a volta no topo da cabeça, conseqüência da tentativa frustrada de retirar um tumor cerebral.

Amparada pelo marido, sentou-se e perguntou se me lembrava dela. Respondi que ela era inesquecível. Sorriu, olhou-me detidamente e disse que me achava bem, mais bonito até. Para não retribuir a delicadeza com elogios falsos, observei que o comprimento de seu cabelo era o mesmo de quando nos conhecemos.

— Não por rebeldia desta vez — respondeu, com um sorriso indecifrável.

O tumor comprimia a região do cérebro responsável pelo controle da motricidade dos membros do lado direito, dificultando a troca de passos, a apreensão de objetos, a realização de movimentos delicados, como escrever ou abotoar a roupa. Ela conservava a lucidez, articulava as palavras com coerência, porém ocasionalmente se perdia em divagações e se calava, sem retomar o fio da meada. A memorização de acontecimentos recentes dava os primeiros sinais de ineficiência.

A evolução da doença foi rápida, em dois meses Lucy perdeu o domínio das funções cognitivas e se encerrou num mundo à parte, sem reconhecer ninguém, com o olhar vazio na direção da parede.

Durante essa fase pôde contar com os cuidados de uma enfermeira, da irmã, de um grupo de amigas inseparáveis que faziam rodízio a seu lado, e com a atenção permanente do marido, que transferiu o escritório para casa.

Três meses depois de seu falecimento, na relação das consultas li o nome do inglês. Achei que talvez viesse para falar da perda recente, acontecimento inusitado que levei anos para aceitar como natural: privar da intimidade dos familiares do cliente, ouvir deles confissões que só fazemos aos melhores amigos, receber manifestações de amizade e demonstrações de carinho, depois vê-los desaparecer no dia seguinte à morte do paciente para nunca mais nos procurarem.

No início da carreira, tal atitude me deixava com a sensação frustrante de que a razão para o afastamento pudesse ter sido algum desencontro inadvertido ou má interpretação de algo que meus colegas ou eu tivéssemos feito; no entanto, as oportunidades em que esse comportamento se repetiu foram tantas, e tão diversificadas, que acabei por concluir ser ele próprio da natureza humana: ao perder um ente querido, imediatamente procuramos evitar situações e pessoas que nos façam reviver a dor sofrida.

Tanto deve ser espontânea essa forma de reagir que, ao encontrar anos mais tarde as mesmas pessoas que se afastaram de maneira abrupta, é freqüente ouvir delas palavras sinceras de agradecimento e expressões surpreendentes de apreço e carinho.

No caso do inglês, entretanto, a razão da volta nada tinha a ver com a perda recente: ele estava com problemas de saúde. O esforço muscular para carregar a esposa inválida havia lhe deixado como seqüela crises de dores nas costas que dois ortopedistas não foram capazes de esclarecer. Queria a indicação de um especialista para orientá-lo, porque já nem dormir deitado conseguia.

Ao examiná-lo, encontrei-o emagrecido, pálido, com a parte superior do abdômen endurecida e dolorosa à palpação. Pedi uma tomografia, que ele me trouxe dias mais tarde. Levei um susto ao colocar as imagens no negatoscópio: via-se um tumor enorme na cauda do pâncreas e vários nódulos no fígado. Doença gravíssima, fora de possibilidade cirúrgica.

— Infelizmente, não tenho boas notícias — achei melhor começar assim.

Nossa convivência durante a doença da esposa e a mudez sepulcral com que ele ouviu minhas observações não tornaram fácil a tarefa de encontrar palavras para explicar-lhe que à dor da perda da mulher amada seriam agora acrescidas as agruras de uma enfermidade fatal.

Quando terminei, fui obrigado a fazer força para não deixar meu olhar fugir do dele, paralisado em mim. Depois de uma eternidade, seus olhos azuis ficaram úmidos, debruçaram-se lentamente na direção da mesa, subiram até as radiografias e voltaram para mim pelo caminho inverso.

— Não esperava — disse ele em voz baixa.

Contraiu os lábios num pequeno espasmo, como se fosse chorar, mas não o fez:

— Vamos combinar que entre nós haverá sinceridade e clareza a respeito das dores e limitações físicas que me aguardam; preciso organizar passo a passo meu futuro. Em algum momento posso perder o domínio da razão?

— Nunca vi esse tipo de tumor comprometer o cérebro.

— Menos mau. Meus parentes moram na Inglaterra, não quero deixar para meus amigos e a irmã de Lucy o encargo de decidir meu destino.

— Você não se sentiria mais seguro em Londres, com a família?

Sorriu com amargura:

— Moro no Brasil há dez anos. Voltar para a Inglaterra seria meu pior castigo. Passar debaixo de um céu cinza meus últimos meses, doente, isolado num apartamento, esperando a morte chegar?

Dez anos antes, ele viera com um casal de amigos passar férias em Porto Seguro, na Bahia. Ficou encantado com a natureza, o azul sem nuvens, o acolhimento do povo, e com Lucy, é claro. Voltou para a Inglaterra com a cabeça povoada de paisagens brasileiras e com o pensamento fixo nela. Apesar da fortuna gasta em telefonemas diários, resistiu apenas quatro meses à separação:

— Pela primeira vez em quarenta anos me deixei conduzir pela emoção. Nos momentos mais inusitados, a simples lembrança da existência dela me tornava feliz como uma criança. Nunca imaginei que um sentimento como aquele pudesse encontrar espaço em meu coração inglês.

Ao se encontrarem no aeroporto de São Paulo, ele pronunciou sua primeira frase em português:

— Quer casar comigo?

Em dois meses, desmanchou a casa nos arredores de Londres, passou procuração para o irmão liquidar seus bens, deu o automóvel de presente para a ex-mulher, pediu demissão do emprego e virou brasileiro. Só voltou à Inglaterra duas vezes, uma a trabalho e outra para assistir ao enterro do pai. Nas duas oportunidades ficou irritado com a gentileza superficial das pessoas que desperdiçam a vida falando sobre os caprichos do clima londrino:

— Do meu irmão à vendedora de bilhetes no metrô, todos ensimesmados, para deixar claro aos outros que cada um cuide da própria vida, que a expressão de qualquer sentimento pessoal será encarada como intrusão.

A ausência da esposa não o privou da dedicação dos amigos e da cunhada, sempre a seu lado nas consultas, e nas internações quando a doença se agravou.

Na última visita a seu leito, encontrei-o em companhia dela e de mais duas mulheres. O rosto emagrecido exaltava nele a expressão ingênua do olhar. Perguntei como se sentia:

— Muito fraco.

— Dor?

— Relaxado, fico bem. Quando movimento qualquer músculo, dói. Incrível, doerem todos os músculos do corpo!

— Vou aumentar a dose de morfina no soro.

— Não faça isso, doutor. Fico sonolento e perco o contato com esse séquito de mulheres lindas que se reveza em meu quarto e não pára de falar um minuto.

A filha do professor

Sentei com as caixas de slides no tapete da sala para preparar a aula da manhã seguinte. Minhas filhas, Mariana, de quatro anos, e Letícia, de dois, vieram brincar em volta; estava tão cansado no final daquela tarde que cochilei deitado no chão. Acordei com o telefone. Havia dormido o tempo suficiente para as meninas tirarem todos os slides das molduras numeradas e espalharem as fotos pela sala inteira.

No telefone estava meu ex-professor de patologia. Ligava por iniciativa própria para falar do caso de uma menina de dez anos recém-operada de um tumor pélvico do tamanho de uma bola de futebol, diagnosticado por ele como um tipo raro de sarcoma.

Naquela época, meados dos anos 70, surgiam nos Estados Unidos os primeiros grupos multidisciplinares que revolucionaram a cancerologia. Esses grupos integravam protocolos que incluíam cirurgia, radioterapia e quimioterapia administrados de forma sistematizada a grande número de pacientes, em estudos cooperativos conduzidos concomitantemente em vários centros internacionais, de modo que os fatores prognósticos pudessem ser analisados com precisão e as respostas clínicas avaliadas segundo critérios menos subjetivos. O tratamento do câncer abandonava o empirismo de obedecer à intuição e à experiência pessoal de cada médico, para ser decidido com base em evidências científicas.

Expliquei ao patologista que no caso deveria ser aplicado o protocolo do Intergrupo Internacional criado especialmente para estudar aquele tipo de sarcoma, que depois da cirurgia preconizava dois anos de quimioterapia seguida de radioterapia, com resultados muito animadores. Quando terminei, ele me pediu um favor:

— Você poderia dar um pulo agora na casa do professor Torres e repetir para ele o que disse para mim? O caso é o da filha dele.

O professor Torres era um homem de mais de setenta anos, cirurgião lendário, controvertido, de temperamento intempestivo, personalista em extremo, dotado de habilidade incontestável, que havia sido pioneiro na padronização das técnicas cirúrgicas no Brasil. Fazia parte de uma geração de cirurgiões afeitos ao estrelismo, diante dos quais os assistentes se calavam mesmo quando tinham razão e que, no campo operatório, atiravam na parede os instrumentos passados de forma inadequada. Nas aulas práticas, ao terminar operações complicadas, comprazia-se em levantar as mãos na direção dos alunos para exibir as luvas impecavelmente limpas de sangue.

Achei melhor ir antes do jantar, era perto de casa; na volta daria um jeito nos slides destroçados.

O professor me recebeu de terno e gravata no sofá da sala. Contou que a esposa havia notado uma tumoração no baixo-ventre da menina. Dois dias depois, ao palpar o abdômen da filha por insistência da mulher, tomou um susto:

— Como era possível um tumor tão grande numa criança tão saudável?

Supondo tratar-se de uma lesão benigna, ele mesmo realizou a cirurgia. Encontrou um tumor maligno de mais de um quilo junto à parede da bexiga, além de diversos implantes menores espalhados pelos tecidos vizinhos. Retirou a lesão grande e a parte que foi possível das pequenas. Pela primeira vez na carreira, chorou no final de uma operação.

Em tom respeitoso, repeti a explicação dada ao patologista pelo telefone: mencionei os dois anos de quimioterapia e enfatizei que, apesar de os implantes tumorais não terem sido completamente retirados, a doença ainda era curável. Ele discordou com veemência:

— Não sejamos sonhadores, não existe a menor possibilidade de cura numa situação como essa.

— O senhor está enganado, a literatura é clara: pelo menos a metade dos doentes nesse estádio clínico são curados pela quimioterapia seguida de irradiação da região afetada!

Ele interrompeu:

— Quantos anos você tem?

— Trinta e quatro.

— Você nem tinha nascido, eu já operava doentes com câncer.

Em consideração à dor do pai não me senti ofendido, pelo contrário, procurei outras palavras para justificar de novo a eficácia do tratamento. Em vão; o professor pertencia à geração que assistira ao nascimento da quimioterapia, logo depois da Segunda Guerra, quando o mecanismo de ação das drogas utilizadas era mal conhecido e seus efeitos tóxicos muitas vezes sobrepujavam os benefícios obtidos. O preconceito contra esse método de tratamento estava tão arraigado em seu espírito que ele se negava até mesmo a pensar na hipótese de combater a doença da filha:

— Trouxe a menina para casa no segundo dia do pós-operatório, contra a recomendação de meus assistentes, justamente para evitar que judiassem dela. Pelo menos terá paz enquanto estiver viva.

Ainda assim, insisti; relatei casos de crianças curadas da mesma enfermidade e descrevi os avanços recentes da oncologia pediátrica. Tudo inútil: ele olhava com descrédito, como se ouvisse o aluno adolescente deslumbrado com as primeiras experiências clínicas. No fim, considerei prepotente sua obstinação diante da tragédia que ameaçava a filha, levantei, desanimado, e me dirigi à porta:

— Lamento não ter conseguido convencê-lo. Espero que o senhor tenha a humildade de ouvir outros especialistas, para não se arrepender quando for tarde.

— Não leve a mal, agradeço sua boa intenção, mas sei muito bem o que estou fazendo.

Fiquei irritado com o ar autoritário — freqüente nos professores de medicina daquele tempo —, com a oportunidade perdida de jantar com minhas filhas e, especialmente, com a segurança pretensiosa manifestada na última frase.

— Infelizmente, não sabe, professor. O senhor pode ter operado adultos com câncer de estômago, pulmão, intestino. Sarcomas são tumores raros nas crianças, o senhor não tem experiência nenhuma com eles, mas ousa discutir como se tivesse.

Abri a porta e dei boa-noite. Ele não respondeu, permaneceu imóvel no sofá. Já estava do lado de fora, quando ouvi sua voz em tom abafado:

— Volte, por favor.

A menina tinha olhos negros e usava maria-chiquinha com elásticos cujas cores variavam conforme o dia da semana. Criada entre adultos, os modos calmos, o jeito educado de falar, o vocabulário repleto de recursos inesperados para a idade e os vestidos sempre bem passados davam a ela a aparência de personagem de livro infantil.

Aceitou com naturalidade a explicação de que precisava tomar soro toda semana. Vinha sempre acompanhada da mãe e da governanta espanhola que cuidava dela desde o nascimento. Na primeira vez, virou o rosto e ensaiou um choro que não se concretizou, quando a enfermeira Teodora pegou a veia para infundir o soro — reação que não se repetiu nas administrações seguintes. Sem um fio de cabelo, passava três horas na clínica, com o soro gotejando, um ursinho no colo e a atenção presa nas histórias que a mãe lia para entretê-la. Em pouco tempo virou o xodó de todos nós.

O pai, ao contrário do esperado, jamais se intrometeu nas condutas tomadas depois daquela conversa inicial. Quando a menina tinha algum problema, a mãe telefonava; ele se limitava a telefonar após as avaliações radiológicas periódicas, apenas para certificar-se de que tudo continuava bem. A única vez em que tomou a liberdade de interferir foi malsucedido: havia receitado para a filha um complexo vitamínico que a governanta se recusou a comprar sem minha autorização. Na convivência, aprendi a admirar-lhe outros aspectos da personalidade: a cultura clássica adquirida com os jesuítas, o gosto pela porcelana chinesa, a fluência do português, a paixão pela cirurgia.

Quando haviam se passado cinco anos da operação, ele veio ao consultório:

— Pelo que minha senhora disse, entendi que você deu alta para minha filha.

— É verdade, acho que está curada.

— Queria agradecer sinceramente, essa menina nasceu no dia em que fiz sessenta e três anos, é o bem mais precioso de minha vida. Sabe, em minha casa tenho um quarto cheio de inutilidades recebidas de meus pacientes agradecidos, não pretendo fazer o mesmo com você. Gostaria de lhe dar um presente desejado, algo que você gostaria de ter, mas não pôde: um automóvel, uma viagem, uma obra de arte.

— Professor, isso é exagero!

— Mas faço questão absoluta, vocês são profissionais e trataram minha filha sem cobrar. Não tenha pressa, pense, consulte sua esposa, voltaremos a falar.

Fiquei sem saber o que pensar quando ele saiu. Mais confuso ainda fiquei no final da tarde, quando o motorista da família entregou uma garrafa de uísque com um bilhete: "Pela dedicação demonstrada no tratamento de nossa filha, os agradecimentos do professor Torres e senhora".

Nunca mais nos vimos. Dois anos mais tarde soube de sua morte pelos jornais. A menina, encontrei adulta, ao lado do marido e de um casal de filhos pequenos, num restaurante. Identificou-se com timidez, mas depois me deu um abraço carinhoso e chorou. Sorrindo, o marido disse que era sempre assim, ela chorava toda vez que me via aparecer na televisão.

Os gêmeos

O doente debilitado, barba branca por fazer, camisa faltando um botão, veio com o filho de terno, sisudo durante a consulta. A doença fora diagnosticada tardiamente por atraso em procurar assistência médica e pela demora em conseguir vaga num hospital público de Santos.

Para poder hidratá-lo e corrigir a anemia que o enfraquecia a ponto de mal parar em pé, perguntei se tinha direito à internação por algum plano de saúde. Só então o filho se manifestou:

— Ele não tem direito a nada. O ideal seria interná-lo numa enfermaria, sai mais em conta, e ele não ficará sozinho.

Fernando, Narciso e eu acompanhamos esse senhor durante quase um mês, sem que nenhum familiar jamais entrasse em contato conosco; limitavam-se a depositar nossos honorários no caixa do Hospital do Câncer todos os sábados.

Restrito ao leito da enfermaria, ele falava da crueldade do destino, dos filhos que o tinham abandonado e da ingratidão das ex-mulheres, queixando-se a todos os que se dispusessem a ouvi-lo, fossem os companheiros de quarto e seus visitantes, as enfermeiras ou as voluntárias de avental cor-de-rosa que apareciam à tarde para consolar os pacientes. Não havia quem não se apiedasse dele e não recriminasse os filhos pela insensibilidade diante da solidão paterna. Estranhamente, no entanto, ele jamais repetia essas queixas ou lamentava sua sorte em nossa presença.

Uma noite em que passou para visitá-lo, Fernando, tocado pela infelicidade estampada na fisionomia do doente, ligou para o escritório do filho e o convidou para conversarmos, com a intenção de convencê-lo a tomar alguma atitude para aliviar a angústia do pai.

O filho veio com o terno da consulta; tinha as sobrancelhas do pai e o mesmo jeito de contrair a testa. Ouviu atento à explicação de Fernando sobre a evolução inexorável da doença e não alterou a expressão quando lhe dissemos que a sobrevida naquele estágio costumava ser medida em dias, não em semanas, e que complicações fatais poderiam sobrevir a qualquer momento. No final, Fernando levantou o assunto que motivara a reunião:

— Ele parece sofrer muito com a solidão. Sem querer interferir em assuntos familiares, não haveria possibilidade de vocês irem visitá-lo nestes últimos dias?

O rapaz tirou os óculos, massageou os olhos, colocou-os novamente e contou uma história que havia começado quarenta anos antes, quando sem motivo aparente o pai abandonou a primeira mulher quinze dias depois de ela haver dado à luz gêmeos: o irmão e ele.

Em paradeiro ignorado, meses depois telefonou para a mãe dos meninos com a finalidade de avisá-la que não perdesse tempo atrás dele; não era homem nascido para obrigações familiares, preferia afastar-se dos filhos ainda recém-nascidos antes de afeiçoar-se a eles. Além do mais, estava noutra cidade, vivendo com uma mulher mais jovem.

A mãe educou os dois meninos com dedicação e seu salário de escriturária na prefeitura; dentro das posses, nada lhes deixou faltar. Reconhecidos, eles procuraram retribuir o esforço materno com carinho, respeito e responsabilidade nos estudos.

Quando passaram para o primeiro colegial, mudaram de escola. Um dia, no ônibus para casa, um dos novos colegas revelou que era filho de um amigo do pai deles e que poderia descobrir-lhe o endereço caso desejassem.

O filho que conversava conosco respondeu imediatamente que não estavam interessados, e mudaram de assunto.

Tarde da noite, o irmão o acordou, não conseguia dormir:

— Você não tem curiosidade de conhecer o pai? Ver se o rosto dele é parecido com o nosso?

Por insistência do irmão, escondidos da mãe para não correr o risco de entristecê-la, tomaram um ônibus para Santos com o endereço no bolso.

Era um armazém na zona do porto, amplo, com porta de correr, abarrotado de pilhas de sacos de mantimentos, caixotes, barricas de azeitonas e prateleiras com lataria. Deram o nome da pessoa procurada ao empregado que ajudava a descarregar um caminhão na porta, e ele lhes indicou o homem com um lápis preso atrás da orelha, no balcão do fundo.

Entraram hesitantes, nervosos, e pararam em silêncio a meia distância do balcão diante do homem entretido na conferência da contabilidade. Depois de algum tempo, ele tirou o lápis de trás da orelha, fez uma anotação rápida no livro e levantou os olhos na direção dos rapazes. Eles deram um passo à frente:

— Viemos para conhecer o senhor, somos seus filhos.

O homem olhou distraído para a ponta de grafite, depois mediu-os de alto a baixo, inquisidor:

— Quem disse que sou o pai de vocês?

Mencionaram o nome do amigo que lhes dera o endereço. O pai olhou para eles novamente:

— São parecidos, mesmo. Cara de um, focinho do outro!

— Somos gêmeos, o senhor esqueceu?

— Vieram por quê? Dinheiro?

— Não precisamos de nada, vivemos com o salário de nossa mãe — respondeu o irmão que havia manifestado interesse na visita. — Viemos sem ela saber, só para conhecê-lo, porque disseram que o senhor é nosso pai.

— Convivi com vocês menos de um mês, não me sinto pai de ninguém.

Diante de nós, o rapaz descreveu assim sua reação a essas palavras:

— Meus pés não sentiam o chão, ficamos congelados, até criar coragem de virar as costas e sair daquele lugar. Na rua, senti uma mistura de raiva e infelicidade, e chorei. Meu irmão, ao contrário, não demonstrou a menor emoção, pediu desculpas por ter insistido na viagem e disse que para ele a figura do pai havia tomado forma e morrido naquele exato instante.

Os gêmeos estudaram engenharia e montaram uma pequena construtora, que progrediu. Casaram e tiveram filhos que alegraram a vida da avó, aposentada da prefeitura, até o dia de sua morte súbita num hotel, em viagem com um grupo de amigas. Do pai, nunca mais tiveram notícias, até serem procurados pelo mesmo amigo que havia fornecido o endereço a eles vinte e cinco anos antes, para pedir-lhes compaixão pelo pai doente, passando necessidades.

Quanto ao nosso pedido para não o deixarem no hospital sem companhia, explicou:

— Meu irmão e eu somos muito unidos. Ao sabermos da situação em que o velho se encontrava, meu irmão achou que devíamos dar-lhe a mesma ajuda prestada por ele a nossa mãe.

Quando eu disse que o faria por minha conta, fez questão de que as despesas fossem pagas em sociedade, mas insistiu que não queria notícias, nem mesmo ser avisado da morte daquele senhor.

— E você?

— Por mim, tudo bem, é indiferente, já nem sinto mágoa, poderia até visitá-lo. Mas sabe por que não vou? Chegar lá e dizer o quê?

Antônio

Muitas vezes, nós, médicos, insistimos em prolongar a vida de pacientes em fase terminal da evolução de sua doença que melhor estariam se os deixássemos em paz, medicados apenas para controlar os sintomas.

Mesmo sem fazer defesa dos erros que cometemos nesses casos, por avaliações equivocadas, falta de sensibilidade, ignorância ou desatenção, é importante ressaltar que nem sempre é fácil identificar o momento adequado para cruzar os braços diante do doente que piora, porque o organismo humano é capaz das reações mais imprevisíveis.

Hipócrates ensinava a seus alunos que um médico adquire fama graças à capacidade de fazer prognósticos, muito mais do que à de fazer diagnósticos. Tinha razão: o que interessa para o comum dos mortais simplesmente receber o diagnóstico de, por exemplo, doença de Alzheimer? O que mais ele deseja saber é seu prognóstico: quantos anos ainda poderá trabalhar? Perderá a memória? Chegará a ficar impossibilitado de reconhecer os filhos?

O que o Pai da Medicina talvez tenha deixado propositalmente de dizer para não desanimar os aprendizes é que a fama, nesse caso, será conseqüência do reconhecimento da sociedade aos que se dedicarem por longos anos à ciência e à arte da profissão, uma vez que fazer prognósticos é muito mais difícil que diagnosticar. A multiplicidade de fatores individuais que interagem com os mecanismos mediante os quais a doença se instala e progride num organismo é de tal ordem de complexidade, que jamais existirão dois casos iguais nem duas pessoas que respondam de forma idêntica ao mesmo tratamento. Além disso, enquanto um diagnóstico pode ser firmado com base em sinais, sintomas e resultados de exames, dados concretos, acessíveis até aos principiantes, prognósticos exigem não só conhecimentos teóricos, mas vivência clínica, para ser vislumbrados com um mínimo de precisão.

Quanto mais estudioso for o médico, mais pacientes tiver acompanhado, mais atento estiver à diversidade das reações físicas e às singularidades da alma humana — noutras palavras, quanto mais experiente e culto for —, mais acertadas serão suas previsões sobre a evolução daquela patologia em determinada pessoa.

As críticas a nossa insistência em aplicar medidas excessivamente enérgicas em casos clínicos desesperançados muitas vezes são merecidas. De fato, nessas ocasiões pode ser mais cômodo manter por inércia recursos técnicos já inúteis do que discutir com o doente ou com a família a interrupção de seu uso e evitar que no futuro nos acusem de termos desistido antes da hora. Essas críticas, no entanto, não levam em conta nem as vezes em que nos empenhamos com insistência por não estar convencidos da irreversibilidade do quadro clínico, nem quanto é delicada a tarefa de tomar decisões a respeito da duração da vida do outro. Isso, para não mencionar a possibilidade de que atitudes passivas nessa hora crucial sejam interpretadas como eutanásia, prática sujeita a julgamentos altamente subjetivos, considerada criminosa pela legislação brasileira.

Um dos casos mais dramáticos que acompanhei ilustra as dificuldades acima. Foi o de um rapaz de trinta anos, chamado Antônio, que veio com febre alta depois de uma sucessão de diagnósticos contraditórios, recomendado por telefone pelo tio, médico no interior de Minas, com as seguintes palavras:

— Gostaria que você examinasse meu sobrinho. Acho que ele tem AIDS. Na família não consta que ele seja homossexual, mas eu desconfio: não tem namorada, sempre foi de ouvir música clássica com os amigos...

Antônio entrou confuso no hospital, com dor de cabeça, sonolento, febril, acompanhado pelos pais de idade e por uma irmã mais nova. O exame de seu liquor mostrou tratar-se de um tipo de meningite por fungo característica dos pacientes com AIDS, como imaginara o tio desconfiado.

Durante a primeira semana de tratamento não houve resposta significativa, pelo contrário, a sonolência e a confusão mental se agravaram. A mãe e a irmã ficavam o tempo todo ao lado dele. No décimo dia, quando já estávamos pessimistas, a febre foi embora e a sonolência diminuiu. Dois dias depois, encontrei-o sentado na cama, curioso para saber o que tinha acontecido nos quinze dias anteriores.

A internação foi prolongada. No decorrer dela, tive oportunidade de conversar muitas vezes com o doente e a mãe, dedicada integralmente a sua recuperação. Era um rapaz sensível, vivamente interessado em música clássica, que tratava a todos com a gentileza típica da boa educação interiorana. A mãe falava com orgulho das qualidades morais, do altruísmo e da beleza do filho, que aos dez meses de idade havia sido primeiro colocado no concurso para escolha do "Bebê Johnson". Estranha coincidência: era o terceiro ex-Bebê Johnson homossexual que eu conhecia.

Quando ele estava para receber alta, a febre retornou, acompanhada de tosse e falta de ar. Em poucos dias o quadro provocou tal desconforto respiratório que fomos obrigados a transferi-lo para a UTI, entubá-lo, ligá-lo a um aparelho de ventilação, usar drogas para elevar a pressão arterial e mantê-lo sedado para suportar esses procedimentos.

Na ausência de melhora, quarenta e oito horas depois reunimos a família para explicar que havia duas soluções: parar com tudo ou levá-lo ao centro cirúrgico, em choque como se encontrava, com a finalidade de abrir o tórax para retirar um fragmento de pulmão, isolar o germe oportunista causador do novo quadro infeccioso e instituir o tratamento adequado.

O pai e as irmãs presentes não tiveram chance de externar sua opinião; a mãe se antecipou:

— Nós sabemos que a doença de meu filho é incurável, mas tem gente que vive dois anos com AIDS, ele não pode morrer depois de três meses.

A toracotomia permitiu identificar a presença de uma micobactéria aparentada ao bacilo da tuberculose e tratá-lo com a associação adequada de medicamentos. Antônio teve alta da UTI, mas a evolução foi complicada por problemas alérgicos, intolerância a uma das drogas e desarranjos intestinais freqüentes. Perdeu peso rapidamente; para manter-se em pé, precisava ser amparado por dois enfermeiros; o rosto encovado adquiriu o aspecto característico dos portadores de AIDS em estágio final.

Numa sexta-feira, depois da visita diária, um colega pneumologista me advertiu:

— Eu sei que você ficou amigo desse moço, mas estamos passando do ponto com ele. Você não acha que chegou a hora de parar?

Vinda de um médico que eu respeitava, a observação calou fundo. E se ele tivesse razão? O rapaz sofreria mais que o necessário só pelo fato de eu gostar dele? Prometi, então, não passar pelo hospital no fim de semana, com a esperança de que o afastamento me permitisse enxergar o quadro com mais clareza.

Quando voltei na segunda-feira, apesar da magreza e da ausência de apetite, Antônio estava um pouco mais animado, e assim se manteve por vários dias, adiando a necessidade de decidirmos a respeito da interrupção do tratamento específico.

Corria o mês de novembro de 1995. Nos meios científicos, havia grande excitação porque o Food and Drug Administration americano estava prestes a apreciar a proposta para liberar os recém-descobertos inibidores de protease, antivirais dotados da propriedade de neutralizar uma enzima importante para a replicação do HIV. Não era possível, naquele momento, avaliar o impacto que tais medicamentos teriam na evolução da AIDS, mas qualquer ajuda nessa área seria bem-vinda, diante da pobreza dos resultados obtidos com o uso isolado das drogas então disponíveis, como o AZT e seus análogos.

No início de dezembro, fui a uma conferência realizada pela Universidade Johns Hopkins, em Baltimore. Lá, encontrei John Bartlett, um dos mais respeitados infectologistas americanos, autor de um livro sobre AIDS que eu havia traduzido para o português. Por intermédio do dr. Bartlett, soube que a liberação dos inibidores de protease era dada como certa e que o acesso a eles já era possível mediante um programa especial posto em prática pelos laboratórios detentores de suas patentes.

Na mesma noite passei por telefone essas informações aos familiares de todos os doentes em estado grave que acompanhávamos. A mãe de Antônio tanto fez que, dez dias mais tarde, o filho recebia pelo correio dois frascos de saquinavir, o primeiro inibidor de protease lançado no mercado.

O novo esquema, baseado na associação de drogas — logo batizado de "coquetel" pela imprensa —, revolucionou o tratamento da AIDS. Para quem havia testemunhado o surgimento e os anos mais sombrios da epidemia, quando, entre a clínica particular e a enfermaria da Casa de Detenção, houve meses em que cheguei a perder em média cinco a seis pacientes por semana, é quase impossível descrever a emoção ao ver doentes como Antônio, à beira da morte, livrar-se das infecções oportunistas, recuperar os vinte ou trinta quilos perdidos e voltar ao trabalho. Em contraposição a nossos antepassados, que conviveram por séculos e séculos com epidemias que dizimaram populações inteiras, a ciência contemporânea, em apenas catorze anos, tinha descoberto drogas capazes de controlar a AIDS.

Passados nove anos daquela internação, Antônio retorna ao consultório a cada quatro meses, com seus exames. Quando entra, invariavelmente abre um sorriso que tem o dom de me colocar em harmonia com a felicidade por ele demonstrada. Todos conhecem a sensação de prazer que o trabalho bem realizado traz ao espírito humano, mas não posso imaginar outra atividade capaz de retribuir o empenho profissional com tanta generosidade como a medicina o faz.

Seu Manoel

Quando conheci seu Manoel, fiquei impressionado por seu porte ereto e pelo rosto expressivo, ainda bonito aos setenta e oito anos. Veio por causa de um tumor no pulmão, conseqüência da única extravagância de uma vida praticamente monástica: fumar um maço de cigarros todos os dias.

Na primeira consulta, acompanhado pela esposa e por dois filhos de cabelos grisalhos, deu a impressão de estar consciente da gravidade do problema que enfrentava por conta de uma lesão extensa no pulmão direito, aderida às estruturas vizinhas, impossível de ser retirada cirurgicamente. Na segunda, quando trouxe os exames requisitados, estava com dois rapazes mais jovens, também apresentados como filhos. Na presença deles, conservou em relação à enfermidade a mesma visão realista demonstrada na oportunidade anterior.

Na terceira vez veio só; pretendia esclarecer alguns detalhes:

— Como o senhor deve ter percebido, tenho duas famílias. Minha outra esposa não me acompanhou porque procuro poupá-la, é pessoa simples, chega a chorar quando fico gripado. A que o senhor conheceu é mais firme, voluntariosa, lutou a meu lado desde os tempos da juventude, quando não tínhamos nada. Meus familiares não precisam perceber que estou a par da impossibilidade de ficar curado, deixá-los viver essa ilusão será consolador para eles: pelo menos o pai não desconfiou que chegava ao final, dirão depois. Agora, entre nós, doutor, não cabem dissimulações, tenho muitas propriedades, mais de trezentos inquilinos e uma empresa encarregada de administrar esses bens, que serão herdados por duas mulheres e por filhos que mal se conhecem. Não posso ser surpreendido por acontecimentos previsíveis.

Não sei se foi nossa origem comum no Brás, bairro de São Paulo, ou se foi o espírito contraditoriamente severo e brincalhão de seu Manoel; o fato é que surgiu grande afinidade entre nós. Ficamos tão amigos que um sábado de manhã voltamos ao Brás, num passeio para rever os lugares onde tínhamos vivido a infância; ele, trinta anos antes que eu.

O bairro era outro: comerciantes coreanos e costureiras bolivianas no lugar dos imigrantes italianos, portugueses e espanhóis; lojas e confecções, em vez das casas coletivas e dos armazéns. Resistiam, apesar das mudanças, alguns sobrados antigos, que nos trouxeram recordações dos tempos da Segunda Guerra e fizeram vir à tona estados da alma infantil adormecidos no inconsciente.

A manhã terminou num banco do largo da igreja de Santo Antônio. Estávamos comovidos de reviver emoções do passado; a expressão de seu Manoel, radiante com as lembranças. Sentado nesse banco, ele contou a história de suas duas famílias.

A mulher que eu conhecia, chamada por ele de dona Angélica, era filha de espanhóis, ex-secretária no escritório da fábrica de doces Confiança, a poucas quadras da igreja. Do bolso interno do paletó, retirou a carteira cheia de divisões e puxou com cuidado uma fotografia antiga em que ele aparecia de bigodinho, cabelo ondulado, smoking, de braço dado com a noiva de sobrancelhas arqueadas, sorriso cândido, com um véu muito longo que descia pelos ombros para se esparramar sobre a cauda do vestido, arrumada com cuidado em cima do tapete do estúdio fotográfico. Na mão direita, ela segurava um ramalhete de rosas rodeadas por avencas miúdas.

Dona Vanda, a outra esposa, era do interior, dedicada aos filhos, dependente dele para tomar qualquer decisão fora da rotina. Uma fotografia, guardada na mesma carteira, mostrava uma senhora de cabelos puxados para trás, com um olhar melancólico que confirmava a descrição feita pelo marido.

Seu Manoel se orgulhava de ter se dividido entre as duas famílias de forma tão justa que nenhum dos filhos tinha direito de se considerar preterido. Mesmo das duas mulheres, em sua opinião, havia sido eqüidistante: tinha dado a ambas oportunidade de separar-se dele caso desejassem, sem prejuízo financeiro algum, nem necessidade de rebaixar o padrão de vida.

Para exemplificar, contou que morava com dona Vanda na Vila Medeiros e com dona Angélica na Vila Mariana. Quando os filhos do primeiro casamento atingiram a maioridade, os outros dois ainda freqüentavam a escola primária. Homem avesso ao automóvel e ao desperdício de dinheiro com táxis, princípio adquirido na época das vacas magras, organizava a vida diária com disciplina espartana: de segunda a sexta dormia com dona Angélica. Depois do café, saía com os filhos do casal para o escritório na rua Senador Feijó, a uma quadra da praça da Sé, no carro do mais velho. Num tempo em que os paulistanos podiam se dar ao luxo de fazer as refeições em casa, meio-dia e meia os três chegavam para o almoço, e às duas da tarde estavam novamente no escritório. Às quatro, descia com o paletó para tomar café e não retornava: pegava o ônibus para a Vila Medeiros, com o objetivo de estar às cinco em ponto na saída da escola dos mais novos. Levava os pequenos para casa, ajudava-os nas lições, vestia o pijama depois do jantar e se deitava com eles para contar histórias. Às onze da noite, punha o terno outra vez, beijava dona Vanda e as crianças adormecidas, pegava o ônibus de volta para a cidade e, lá, o bonde Vila Mariana.

Aos sábados, saía do escritório com os mais velhos na hora do almoço para a tradicional feijoada de dona Angélica, na qual se reuniam sobrinhos e amigos dos filhos em ruidosa confraternização que o alegrava muito. No meio da tarde, à francesa, desaparecia.

Era o único dia da semana em que passava a noite inteira com dona Vanda e as crianças. Domingo acordava cedo para levá-las passear, almoçavam juntos e brincavam no quintal. Às seis, beijava-as, dizia-lhes que o papai precisava ir, e pegava o caminho da Vila Mariana. Lá, depois do banho, vestia o pijama, colocava a pizza no forno, tomava a única cerveja da semana e sentava no sofá com dona Angélica, na frente da TV.

— Repeti essa rotina com rigor por décadas, presente todos os dias nas duas casas, e ainda carreguei fama de malandro, homem de duas mulheres, enquanto outros, casados com uma só, faziam o que bem entendiam na rua e posavam de homens de respeito. Mas valeu a pena, já vi homens orgulhosos por terem criado uma família; criei duas com a mesma dedicação, o que dei a uma, dei à outra.

Seu Manoel administrou a evolução de sua enfermidade com a competência demonstrada na condução das duas famílias. Passou um ano muito bem, trabalhando como se nada houvesse. Comparecia à clínica para receber quimioterapia acompanhado alternadamente por dona Angélica e os filhos mais velhos, numa vez, e pelos dois mais novos, na outra. Jamais suas famílias se encontraram.

Uma noite teve um sangramento digestivo e foi internado às pressas. Ficou dois dias na UTI, até passar o perigo. Quando voltou para o quarto, pediu que eu fizesse um atestado declarando que ele continuava a ter pleno controle das faculdades mentais. Apenas para atender a necessidades burocráticas, justificou.

A hemorragia foi a primeira da série de complicações que se sucederam num curto espaço de tempo. Quando passei para vê-lo no seu último dia de vida, estava adormecido no quarto escuro. Acordou quando acendi a luz, e pediu aos filhos mais novos que nos deixassem a sós:

— Não quero ir para a UTI. Aceitei a outra internação porque precisava assinar um documento que ainda faltava.

Tomou fôlego e acrescentou:

— Estou para morrer, não estou?

Apesar da franqueza que havia caracterizado nosso relacionamento desde o início e de minha promessa de nunca mentir, não tive coragem para confirmar:

— Fique tranqüilo, o senhor não vai sofrer.

— Estou tranqüilo — respondeu.

Deixou uma fortuna para cada filho. Quem esperava uma partilha litigiosa ficou frustrado; os herdeiros não tiveram pelo que brigar: o pai já havia feito a divisão em partes rigorosamente iguais.

A vertigem

A angústia causada pela impossibilidade de comprovar por meios racionais se existe vida depois da morte acompanha a humanidade desde seus primórdios. Imaginar que nos transformaremos em pó e que capacidades cognitivas adquiridas com tanto sacrifício se perderão irreversivelmente é a mais dolorosa das especulações existenciais.

Tamanho interesse no destino posterior à morte, entretanto, contrasta com a falta de curiosidade em saber de onde viemos. O que éramos antes de o espermatozóide encontrar o óvulo no instante de nossa concepção?

Aceitamos com naturalidade o fato de inexistir antes desse evento inicial, em contradição com a dificuldade em admitir a volta à mesma condição no final do caminho.

Como não existíamos (portanto, não fomos consultados para vir ao mundo), consideramos a vida uma dádiva da natureza, e nosso corpo, uma entidade construída à imagem e semelhança de Deus, exclusivamente para nos trazer felicidade, atender aos nossos caprichos e nos proporcionar prazer.

Essa visão egocentrada de quem "não pediu para nascer" faz de nós seres exigentes, revoltados, queixosos, permanentemente insatisfeitos com os limites impostos pelo corpo e com as imperfeições inerentes à condição humana. Assim, acordamos todas as manhãs com tal expectativa de plenitude e de funcionamento harmonioso do organismo que o desconforto físico mais insignificante, a mais banal das contrariedades, são suficientes para causar amargura, crises de irritação, explosões de agressividade e depressão psicológica, não importa que privilégios o destino tenha nos concedido até a véspera ou venha a nos conceder naquele dia.

Ao contrário da dificuldade em nos livrarmos desses estados emocionais negativos que nos consomem parte substancial da existência, as sensações de felicidade geralmente são fugazes, varridas de nosso espírito à primeira lembrança desagradável.

Seria lógico esperar, então, que o aparecimento de uma doença grave, eventualmente letal, desestruturasse a personalidade, levasse ao desespero, destruísse a esperança, inviabilizasse qualquer alegria futura. Mas não é isso que costuma acontecer: vencida a revolta do primeiro choque e as aflições da fase inicial, associadas ao medo do desconhecido, paradoxalmente a maioria dos doentes com câncer ou AIDS que acompanhei conta haver conseguido reagir e descoberto prazeres insuspeitados na rotina diária, laços afetivos que de outra forma não seriam identificados ou renovados, serenidade para enfrentar os contratempos, sabedoria para aceitar o que não pode ser mudado.

Não me refiro exclusivamente aos que foram curados, mas também aos que tomaram consciência da incurabilidade de suas doenças. Naqueles, é mais fácil aceitar que o fato de ter sobrevivido à ameaça de perder o bem mais precioso e de ser forçado a lutar para preservá-lo confira à vida um valor antes subestimado. Quanto aos que sentem a aproximação inevitável do fim, no entanto, soa estranho ouvi-los confessar que encontraram paz e se tornaram pessoas mais relaxadas, harmoniosas, admiradoras da natureza, amistosas, agradecidas pelos pequenos prazeres, e até mais felizes.

— Troquei as noites frenéticas, de uma boate para outra até o dia clarear, por minhas plantas, pela algazarra dos passarinhos logo cedo, por meus livros, pelo café-da-manhã com minha mãe e o jornal — disse um de meus primeiros pacientes a descobrir que estava com AIDS.

Um colega de profissão, mais velho, tratado por mim de um câncer de próstata incurável, certa vez disse:

— Antes de ficar doente, eu nunca estava no lugar em que me encontrava: vivia alternadamente no passado e no futuro. Quantas coisas boas desperdicei por permitir que meus pensamentos fossem invadidos por memórias tristes ou contaminados pela ansiedade de planejar o que deveria ser feito em seguida. Era tão ansioso que chegava a puxar a descarga antes de terminar de urinar. A doença me ensinou a viver o presente.

Um rapaz de vinte e cinco anos que tratei de uma forma grave de linfoma de Hodgkin, tipo de câncer que se instala no sistema linfático, uma vez resumiu o amadurecimento prematuro que considerava ter adquirido:

— Sempre fui explosivo: brigava no trânsito, xingava os outros, ficava irritado por qualquer bobagem, já acordava chateado sem saber por quê. Quando entendi que podia morrer, pensei: não tem cabimento desperdiçar o resto da vida. Virei Albert Einstein, o defensor da relatividade: quando alguma coisa me desagrada, procuro avaliar que importância ela tem no universo. Descobri que é possível ser feliz até quando estou triste.

No ambulatório do Hospital do Câncer, quando perguntei a um maranhense iletrado, pai de quinze filhos e rosto marcado pelo sol, se a doença havia lhe trazido alguma coisa de bom, ele respondeu:

— O cavalo fica mais esperto quando sente vertigem na beira do abismo.

Custei a aceitar a constatação de que muitos de meus pacientes encontravam novos significados para a existência ao senti-la esvair-se, a ponto de adquirirem mais sabedoria e viverem mais felizes que antes, mas essa descoberta transformou minha vida pessoal: será que com esforço não consigo aprender a pensar e a agir como eles enquanto tenho saúde?

Meu irmão

Lembranças carregadas de emoção ficam gravadas para sempre na memória. Por isso, nunca esquecerei daquele início de noite, em agosto de 1990, no consultório. Teria sido uma tarde comum, Narciso e eu atendendo no andar de cima, meu irmão assistindo aos doentes em quimioterapia nas salas de baixo, não fosse o pedido que Fernando fez pelo telefone interno:

— Queria conversar com vocês dois no final do expediente, tudo bem?

Estranhei não só a pergunta — sempre conversávamos quando tudo terminava —, como a voz em tom de preocupação. Passei o resto do dia com um mau presságio.

Quando saiu o último paciente, descemos para a sala de reuniões. Fernando interrompeu as anotações que fazia nos prontuários com a Parker 51 de estimação e sorriu com o ar conformado de quem se defronta com uma ironia:

— Quando tossi de manhã, encontrei uma mancha de sangue na secreção. Fiz uma chapa, apareceu um nódulo espiculado no pulmão direito.

Colocou a radiografia no negatoscópio iluminado. Não tive dúvida de que era um tumor maligno.

Meu irmão tinha feito quarenta e cinco anos, fumava meio maço de cigarros por dia desde os dezesseis, e devia estar exausto de ouvir meus conselhos diários para se libertar da praga que é a dependência de nicotina, responsável pela tragédia de tantos pacientes acompanhados por nós. Como de hábito no câncer de pulmão, a doença atacou-o sem dar aviso, exceto por uma dor itinerante nas costas surgida um mês antes, ao desembarcarmos de uma viagem de doze horas em classe econômica, depois de um congresso na Califórnia.

Ficamos calados diante da radiografia. Fui invadido por uma tristeza infinita que me remeteu subitamente à imagem de tia Leonor acariciando-me a cabeça e dizendo: "A mamãe descansou", na porta do quarto onde minha mãe havia acabado de falecer, e à lembrança de meu corpo de oito anos deitado no chão do quintal, olhos perdidos no movimento das nuvens, na tarde em que perdi a avó paterna, minha segunda mãe.

A voz do Fernando me trouxe de volta:

— Vocês têm alguma dúvida de que isso seja câncer de pulmão?

— A chance é grande — respondeu Narciso.

Fernando retirou a radiografia do negatoscópio e sentou de frente para nós:

— Queria fazer um pedido: se for o que parece, gostaria de ser tratado por vocês dois, aqui em nossa clínica. Trabalhamos juntos há doze anos, não queria ir parar na mão de estranhos, a menos que seja difícil demais para vocês.

Dei várias voltas de carro para não chegar em casa com aquela impressão de morte na alma. Foi inútil; nem bem entrei, minha mulher me fez sentar ao lado dela: "O que aconteceu? Nunca vi seu olhar triste assim".

Fizemos a vontade de meu irmão. Em três dias já conhecíamos o tipo histológico do tumor e sabíamos que a doença não tinha se disseminado. Menos mau, ainda havia possibilidade de cura através de cirurgia e tratamento complementar.

Com os exames em mãos, num domingo à noite viajamos para Cleveland, onde nos aguardava nosso amigo Ronald Bukowski, preocupado com os resultados que lhe havíamos transmitido por fax.

Foi reconfortante encontrar o querido companheiro, já de cabelos brancos, com uma equipe de especialistas previamente organizada para opinar sobre o caso. Passamos dois dias inteiros entre consultas, exames e discussões, até definir a melhor estratégia: cirurgia, seguida de quimioterapia e radioterapia. Todo o tratamento seria administrado em São Paulo, com exceção da radioterapia, porque na época os equipamentos estavam defasados no Brasil.

Num desses dias, às oito da manhã, atravessamos um trecho longo de um dos corredores da Cleveland Clinic, no contrafluxo dos funcionários que chegavam para o trabalho, quando o rosto de porcelana de uma enfermeira uniformizada se destacou no meio da multidão. À medida que se aproximaram, seus olhos verdes pousaram duas vezes no rosto distraído do Fernando e fugiram, até que ele os notasse; então, ela esboçou um sorriso tímido e baixou o olhar, lisonjeada.

A atitude, inusitada para uma americana no ambiente de trabalho, chamou-me a atenção para as outras que passavam. Fernando sempre fizera sucesso entre as mulheres, com seu porte longilíneo, olhos pretos e o ar de bom marido que as deixava descontraídas junto dele, mas naquela manhã fiquei impressionado e também orgulhoso: brancas, negras, mulatas, moças ou senhoras, todas olhavam para ele; alguns olhares eram rápidos, outros mais detidos. Irônico, comentei:

— Não sei o que está acontecendo hoje, cem por cento das mulheres olham para você!

Ele sorriu, benevolente:

— Não fique triste, sempre foi assim. As mulheres têm por mim apenas atração carnal, com você uma ligação mais espiritual.

A operação foi realizada no próprio hospital onde trabalhávamos, o Sírio-Libanês, no último dia do mesmo mês de agosto. O acesso ao tórax revelou que a doença infelizmente estava mais avançada do que mostravam as tomografias: comprometia também vários gânglios situados no mediastino, região entre os pulmões.

De posse do resultado do exame da peça operatória, Narciso e eu sentamos com Fernando, ainda no quarto do hospital, para discutir a implicação dos achados na programação do tratamento subseqüente. Ele ouviu atento à descrição das características histológicas da lesão e dos gânglios comprometidos no mediastino. No fim da leitura, observou, como se falasse de outra pessoa:

— Doença agressiva!

— Agressiva, mas curável — acrescentei, com a anuência imediata do Narciso.

Estávamos sendo sinceros, nem haveria como enganá-lo; ele conhecia a enfermidade, sabia que a chance de cura era pequena mas real.

E todos nós nos apegamos a essa esperança. Vivíamos uma fase ótima na época: nossas irmãs e nosso pai — apesar de debilitado por um derrame cerebral — estavam bem; a clínica era muito procurada; viajávamos várias vezes por ano para o exterior, a trabalho; cada um de nós tinha duas filhas adolescentes, com idades próximas, que adoravam estar juntas, e ele havia acabado de realizar com a mulher o sonho de uma casa no alto de uma montanha em Campos do Jordão. Era um prazer nos reunirmos nessa casa nos fins de semana, com as meninas tagarelas rindo ao redor da lareira. Fernando, desde cedo com a caixa de ferramentas instalando tomadas, pregando quadros, pintando o portão, dava demonstrações de sua habilidade com trabalhos manuais para os quais nunca tive talento nem paciência.

À cirurgia seguiram-se três meses de quimioterapia administrada em nossa clínica pelo enfermeiro Edson (que doze anos mais tarde viria a ser acometido pela mesma patologia). Ver meu irmão no meio dos pacientes que semanas antes eram tratados por ele foi uma experiência única, a um só tempo comovente, pelo carinho que demonstravam ao encontrá-lo sem cabelo, e reveladora para nós, como o próprio Fernando observou:

— Todo médico devia passar pelo que estou passando. Experimentar na carne a fragilidade que a doença traz, as agruras das dores persistentes, náuseas e mal-estares, incertezas. Sentir nostalgia da felicidade despreocupada de outras épocas, amargura ao imaginar o vazio que nossa ausência poderá deixar nas pessoas queridas, o desejo insensato de acordar desse pesadelo.

Essas observações se mostravam especialmente marcantes, porque conheci raríssimos médicos que, como ele, tivessem verdadeiro interesse pelas aflições dos pacientes. A qualquer momento, estava disponível para esclarecer suas dúvidas e conversar sem pressa, mesmo nos dias mais atribulados, quando, sobrecarregados pelo volume de trabalho, Narciso e eu brincávamos: "Fernando, hoje não haverá tempo para sessões de psicoterapia".

No início de dezembro, ele viajou para Cleveland com Martha, a esposa, com quem começara a namorar nos tempos de estudante. Narciso e a mulher foram lhes fazer companhia durante a primeira semana. Naquele mês de radioterapia, visitei-os duas vezes, oportunidades em que passávamos o dia inteiro juntos, em conversas intermináveis; íamos ao museu; passeávamos pelas cidades vizinhas, cobertas de neve; à noite, assistíamos à apresentação da orquestra sinfônica, líamos em casa ou jantávamos com amigos, convidados pelo Bukowski com a intenção clara de amenizar a angústia que imaginava tomar conta de nosso espírito.

No entanto, não nos sentíamos angustiados; pelo contrário, o bom humor crônico de minha cunhada, combinado com o clima de provocação mútua que sempre existiu entre mim e meu irmão, criava uma atmosfera de graça e leveza, contrastante com as dimensões da adversidade enfrentada. Havia momentos de dúvida, e medo até, mas Fernando lutava contra eles de forma tão racional que não deixava espaço para atitudes dramáticas a seu redor: se ele próprio conseguia, sem se abater, contrapor-se à ameaça de perder a vida, teríamos nós o direito de nos desesperar?

Vivemos dias de felicidade verdadeira nas visitas que fiz a Cleveland; qualquer estranho a par da realidade julgaria sermos desequilibrados ou estarmos em processo de negação, propositalmente cegos à trama que se desenrolava. Ledo engano: havíamos tratado muitos casos como o dele; éramos conhecedores da história natural do câncer de pulmão e dos baixos índices de cura obtidos naquele estágio da doença, a possibilidade de evolução desfavorável estava sempre presente em nossas análises.

Numa manhã cinza-escura saímos os dois encapotados para passear na neve. Cobertos de flocos, andamos quase três horas, a passos rápidos, num parque povoado de esquilos e pássaros pretos que inspiraram Fernando a repetir o haicai de Matsuo Bashô: "Não gosto de corvos, mas esta manhã sobre a neve...". Relembramos o tempo que passamos separados na infância, a falta que a mãe nos fez, a paixão dele pelo tio Durval, encerrado em seu mundo desconexo, os desencontros com nossa madrasta, o respeito e admiração pela figura paterna envelhecida. Rimos ao reconhecer as semelhanças crescentes entre nós e aquele homem que chegou da Espanha ainda pequeno, para uma vida inteira dividida entre dois empregos com o objetivo firme de levar os quatro filhos até a universidade, inacessível a ele, e que nos transmitiu a crença obstinada na honestidade, na solidariedade social e no trabalho duro como filosofia de vida, na ausência da qual a existência perde a grandeza. Falamos das dificuldades e dos sentimentos mais íntimos que pode haver entre dois irmãos, como se pretendêssemos penetrar o coração um do outro em busca da quintessência do amor fraterno.

No início de janeiro, já em São Paulo, Fernando acordou com dores na coxa. Dois dias depois fez uma cintilografia óssea, que mostrou uma metástase no fêmur e outra na bacia. Era o fim da esperança de curá-lo.

À noite fui vê-lo em casa. Encontrei-o na sala com Martha, as meninas e Maria Helena, nossa irmã mais velha. Subimos para o quarto. Examinei-o e olhei a cintilografia: não havia dúvida, o tumor era mesmo agressivo; recidivava apenas quatro meses depois da cirurgia. Perguntei como ele estava.

— Triste como nunca.

Nós nos abraçamos e choramos como crianças. Haveríamos de nos separar de novo, agora para sempre.

Foi terrível a frustração que tomou conta de mim ao perceber a inutilidade do esquema de tratamento concebido com tanto cuidado. Não que essa sensação me fosse desconhecida; infelizmente, o exercício da cancerologia pressupõe aprender a aceitar a derrota no final, a lidar com a dúvida mais dolorosa que pode afligir o médico diante do paciente que evolui mal a despeito de seguir à risca o tratamento prescrito: "Onde terei errado?", "Será que em algum momento deixei de fazer a escolha mais adequada?". A diferença é que dessa vez o sentimento de culpa, o arrependimento por decisões tomadas, a decepção com o desfecho e as incertezas cortavam minha própria carne. Como Fernando dissera anteriormente, todo médico devia passar por isso.

Depois da cintilografia, fizemos uma tomografia para avaliar o grau de disseminação do tumor. Assim que saiu do aparelho, Fernando veio ver comigo e com o radiologista as imagens recém-gravadas. Elas mostravam metástases também no fígado e no cérebro. Antes que encontrássemos palavras para qualquer comentário, ele tomou a iniciativa:

— Vamos irradiar o cérebro para evitar complicações neurológicas. Muito chato acabar a vida dependente dos outros.

Assim foi feito; irradiamos o cérebro e iniciamos um esquema de quimioterapia que ele suportou bem.

Nesse período, coloquei nossa convivência como prioridade absoluta: falávamos por telefone várias vezes por dia, e ia visitá-lo toda noite, sempre que possível com minha mulher e minhas filhas, que se juntavam às primas e aos filhos de nossa irmã em clima permanente de animação, tão a gosto dele, que sempre demonstrou prazer em ver a casa cheia. Em tais ocasiões, quando me sentia deprimido, tomava uma dose de cachaça e entrava em sintonia instantânea com o ambiente.

Do lado médico, Fernando acompanhava os resultados de exames, avaliações de resposta, e participava das modificações de tratamento, exatamente como faríamos se fosse outro o doente. Durante todo o tempo esteve absolutamente consciente da progressão do tumor, chegava a medir as lesões para quantificar-lhes a velocidade de crescimento. Por mais

adversos que fossem os achados, reagia com a mesma serenidade racional; nunca mais o vi chorar.

Uma vez convidei-o para voltarmos a Campos do Jordão;
imaginei que talvez lhe fizesse bem um fim de semana na casa
de que tanto gostava.

— A casa de Campos não representa mais nada, aliás, nenhum lugar ou bem material tem significado algum. Quando
o tempo é curto, o que interessa é estar atento aos pequenos
prazeres, como ouvir o sabiá que me acordou esta manhã, e
aproveitar em toda a intensidade a companhia das pessoas
queridas.

No final de abril, emagrecido, começou a ter dores na região abdominal, controladas com analgésicos que o deixavam
mais sonolento e com dificuldade para movimentar-se, especialmente quando subia as escadas do sobrado em que morava. À
noite, encontrava-o deitado no quarto, ou no sofá da sala, em
meio às visitas agora restritas aos familiares e a um pequeno grupo de amigos, em respeito a sua falta de disposição. Apesar de
mais calado e das limitações físicas, ele não perdia o senso de
humor e o gosto pelos comentários irônicos sobre a aparência
e o comportamento das pessoas unidas a seu redor; jamais se ouvia dele uma queixa ou referência amarga a seu estado de saúde.

Uma manhã, bem cedo, recebi um telefonema de minha
cunhada contando que a noite havia sido difícil. Fui até lá.

Encontrei-o no quarto em penumbra, cochilando sob o
efeito da morfina. Seu rosto magro parecia talhado por um es-
cultor virtuoso. Passei-lhe a mão na cabeça pelada; ele abriu
os olhos e sorriu:

— Aqui a esta hora?

— Martha me disse que a noite foi dura.

— Muita fraqueza, a respiração está pesada, precisei tomar três comprimidos de morfina.

Peguei uma xícara de café. Ele fez uma análise detalhada da evolução especialmente desfavorável nas últimas semanas. Concluiu ter chegado a hora de ir para o hospital e quis saber se cometia algum erro de avaliação.

Enquanto minha cunhada preparou a mala, permaneci à cabeceira da cama, em vigília. Num dado instante, ele abriu os olhos e emitiu um ai expirado. Perguntei:

— O que foi, tristeza?

— Não. Quer dizer, sim, mas por me afastar de vocês. Alguns dias mais, tudo terá terminado para mim; para vocês, não.

— Você tem medo?

— Meu medo sempre foi cair fulminado por um infarto, uma embolia, eventos covardes, que ceifam a vida sem oferecer oportunidade de reflexão. Por sorte, tive tempo de organizar minhas coisas e preparar meu espírito para o que está por vir. Nos últimos meses pude entender melhor o significado de estar vivo, e isso me trouxe uma paz que você não pode imaginar. Alguns morrem ao nascer; nossa mãe viveu trinta e dois anos; eu, quarenta e cinco. Não é tão pouco. Lógico que lamento me retirar, fui feliz no tempo que tive para viver, fui pai de duas filhas, viajei, conheci o mundo... nosso sonho nas brincadeiras infantis..., mas, se estivesse com noventa anos, lúcido como me encontro, lamentaria da mesma forma.

No Sírio-Libanês, as enfermeiras, com quem Fernando mantivera um clima permanente de respeito e camaradagem durante anos, não saíam do quarto, solícitas, procurando atender seus mínimos desejos. Pela ternura do olhar, várias delas pareciam apaixonadas por ele, queixava-se minha cunhada para provocá-lo.

No terceiro dia de hospitalização, meu irmão perdeu as forças para sustentar o peso do corpo e permaneceu restrito ao leito; as dores causadas pelo aumento do fígado e pela extensa disseminação óssea passaram a exigir infusões contínuas de morfina. Cancelei todos os compromissos para ficar ao lado dele, nem que fosse pelo conforto de segurar-lhe a mão enquanto dormia.

O quinto dia coincidiu com meu aniversário. Cheguei bem cedo, preparado para o pior; ele passara a maior parte do dia anterior em sono profundo, em alguns momentos suspeitei que houvesse entrado em coma superficial. Para minha surpresa, entretanto, encontrei-o com a cabeceira levantada, ao lado de Martha, tomando colheradas de um mingau que Maria Helena lhe oferecia. Foi o primeiro a me dar parabéns; apertei seu rosto com as duas mãos e lhe dei vários beijos na testa e na cabeça pelada. Ele disse que aqueles beijos na careca eram manifestação de regozijo, vingança pelas vezes em que se referira jocosamente a minha perda precoce de cabelo. Depois, pediu que as mulheres nos deixassem a sós:

— Queria lhe agradecer por ter sido meu médico e meu irmão querido. Imagino o quanto foi difícil para você, desde o início nós sabíamos que a chance era mínima.

— Melhor assim, já imaginou quantos palpites eu daria se o médico fosse outro?

— Sabe o que mais invejava em você como médico?

— A beleza física? — brinquei.

— A sensibilidade para lidar com os doentes à beira da morte. Sempre admirei esse dom, agora pude comprová-lo pessoalmente.

Em seguida pegou minha mão, carinhoso:

— Fique tranqüilo, estou sereno. Deixei tudo em ordem, até testamento passei em cartório.

— Vai deixar para mim aquela camisa de linho cor-de-rosa?

— Além dela, meu capote de lã e todas as calças; magros como somos, não serviriam para ninguém da família.

E, para insistir na velha disputa sobre qual de nós era mais alto e mais esguio, acrescentou:

— Vai precisar de uma costureira para encurtar a bainha das calças.

— Ao contrário, vou pedir para apertar a cintura.

Ele sorriu, fechou os olhos e pegou novamente no sono, de mão dada comigo. Permaneci na cadeira a seu lado, com a cabeça recostada na cama, até as mulheres retornarem.

Numa das vezes em que abriu os olhos, no final da tarde, ele se virou para mim em tom firme:

— Estou muito bem. Agora você vai para casa pegar a Regina e jantar fora, para comemorar seu aniversário. Num bom restaurante. Não faça economia!

Foi a última vez que ouvi sua voz. Na manhã seguinte ainda abriu os olhos duas vezes, depois entrou em coma. A família se revezou ao lado dele, o dia todo. Meu pai, doente e com dificuldade de locomoção, ficou em casa.

Tarde da noite, logo depois que Maria Helena saiu com o marido, Martha, Narciso, Regina e eu sentamos ao redor do leito. Desde o começo da tarde ele deixara de responder mesmo aos estímulos mais intensos. Agora respirava superficialmente, sem camisa, coberto por uma colcha branca de algodão. O quarto estava na penumbra, iluminado pela luz indireta da cabeceira.

As pausas entre os movimentos respiratórios se alongaram. Coloquei o estetoscópio no peito de meu irmão ainda a tempo de escutar: tum... ta... tum... ta... tum...